中国学者研学文库 | 历史与文化书系

区域文化资源的产业化运营发展

谢伦灿 | 著

中国书籍出版社
China Book Press

图书在版编目（CIP）数据

区域文化资源的产业化运营发展/谢伦灿著． --北京：中国书籍出版社，2022.2
ISBN 978-7-5068-8934-6

Ⅰ.①区… Ⅱ.①谢… Ⅲ.①地方文化—文化产业—产业发展—研究—中国 Ⅳ.①G127

中国版本图书馆 CIP 数据核字（2022）第 034819 号

区域文化资源的产业化运营发展

谢伦灿 著

责任编辑	牛　超
责任印制	孙马飞　马　芝
封面设计	田　晗
出版发行	中国书籍出版社
地　　址	北京市丰台区三路居路 97 号（邮编：100073）
电　　话	（010）52257143（总编室）　　（010）52257140（发行部）
电子邮箱	eo@chinabp.com.cn
经　　销	全国新华书店
印　　刷	三河市华东印刷有限公司
开　　本	710 毫米×1000 毫米　1/16
字　　数	253 千字
印　　张	15
版　　次	2022 年 2 月第 1 版
印　　次	2022 年 2 月第 1 次印刷
书　　号	ISBN 978-7-5068-8934-6
定　　价	95.00 元

版权所有　翻印必究

前　言

我国现行文化产业政策中，以下政策明确提出要切实保护区域文化资源，支持发展区域文化产业：(1) 文化产业综合政策。诸如，文化部和财政部关于推动特色文化产业发展的指导意见（文产发〔2014〕28号）。① (2) 文化金融政策。诸如：文化部关于鼓励和引导民间资本进入文化领域的实施意见（文产发〔2012〕17号）。(3) 文化贸易政策。诸如：国务院关于加快发展服务贸易的若干意见（国发〔2015〕8号）。(4) 文化旅游政策。诸如：文化部 国家旅游局关于促进文化与旅游结合发展的指导意见（文市发〔2009〕34号）。(5) 文化产业园区（集聚区）认定关系相关政策。诸如：文化部关于加强文化产业园区基地管理、促进文化产业健康发展的通知（文产函〔2010〕1169号）。②

换个角度而言，我国目前支持区域文化产业发展的政策体现在以

---

① 秦建友. 我国现行文化产业政策及发展探研［J］. 产业经济, 2018 (12).
② 张晓娟, 马静. 美国文化产业政策及对中国的启示［J］. 长安大学学报（社会科学版）, 2013 (04).

下几种重要类型：（1）区域文化产业企业所有权政策；（2）区域文化产业组织政策；（3）协调发展地方文化产业的政策；（4）规范区域文化市场秩序政策；（5）促进我国地方文化产业"走出去"的对外贸易政策；（6）区域文化产业发展政策。①

法律是社会关系的调整器和社会利益的分配器，虽然我国的文化产业已发展多年，但仍缺少立法保障。在未来的文化产业立法方面仍有较长一段时间的路要走。②

总而言之，我国现行区域文化产业政策已然在区域文化产业发展方面起到重要的促进作用。为了更好发挥区域文化产业政策的文化产业引领与促进作用，在未来的区域文化产业政策制定方面不仅要做好上述几点，制定的政策还应积极起到如下重要作用：深化地方文化体制改革；集中力量发展地方优势产业；协调各区域文化产业发展；建立多元化的投融资体系；加强区域文化产业与高新技术产业融合。③唯有如此，我国的区域文化产业政策才会愈发趋于完善，不断促进我国区域文化资源的科学保护与产业的合理推进乃至整个社会经济的发展。④

文化市场营销因素主导的文化产业发展模式，就是根据文化市场营销要素，掌控文化市场消费趋向，引导文化产业发展走向的文化产业发展模式。在现代市场经济条件下，尽管文化产业也要遵循市场游

---

① 杨吉华. 过剩阶段我国文化产业政策的取向 [J]. 现代经济探讨, 2013 (07).
② 刘晓远. 文化产业政策与法规课程中的案例教学 [J]. 四川省干部函授学院学报, 2013 (04).
③ 祝晓静, 高津君. 完善我国文化产业政策的途径探析 [J]. 科教导刊（中旬刊）, 2013 (05).
④ 徐虎, 丁媛. 河南省文化产业政策分析 [J]. 中共郑州市委党校学报, 2013 (04).

戏规则，但是作为特殊的非物质产业，其伸张空间巨大，通过合理、科学、大胆的艺术创作手段，引导人们文化消费的心理、兴趣，可以实现掌控文化市场的目标。文化市场营销因素主导的文化产业发展模式，必须在已经拥有了较强的文化资源整合利用能力和文化制作技术使用能力的前提下，在文化市场上游刃有余，才可以创造出既反映现实生活又超越现实生活的文化作品。① 随着我国经济发展的突飞猛进，各个区域的消费者都需要文化作品。

在文化产业的发展模式创新选择上，处于文化市场营销层次阶段的发达国家和地区，在文化市场掌控上常常选择文化产业的可持续发展模式；处于依靠文化制作技术层次阶段的东部沿海一些省市，主要是在文化产业制作技术聚集上选择文化产业的可持续发展模式；处于原始的传统的文化资源开发层次阶段的西部地区，正好需要在不同文化资源利用上选择文化产业的发展模式。②

目前东部沿海几个省市（如广东、浙江、江苏、上海和北京等）已经具有一定的文化资源整合利用能力，文化企业制作技术使用能力也日见增强，东部一些大城市模仿制造业发展模式，开发建设动漫基地、网络游戏产业基地、艺术品创作区等，通过文化制作技术的局部区域聚集，形成了现代文化产业聚集发展模式。但区域文化资源是文化产业化的动力所在，很多东部文化企业借力区域文化资源不够，创作题材枯竭，需要有更多更好的地域特色文化资源介入，促进产业的发展。

---

① 雷兴长. 文化产品走向世界的战略价值选择 [J]. 科学经济社会, 2009 (2).
② 雷兴长. 文化产业发展模式与欠发达地区的选择 [J]. 科学经济社会, 2011 (1).

中国西部大多数省份的文化企业在文化制作技术应用能力上较弱,文化产品市场掌控能力较差,现在只能依靠对自己较为丰富的文化资源(自然文化资源、传统文化资源和民族文化资源)开发来推进文化产业发展。其文化产品的技术含量不高,艺术感染力不强,国际化品味不足。这也导致西部文化产业主要是以文化资源产业为主。离开本地域文化资源,就失去了文化产业的特色和优势。西部省份如何把握文化资源的利用方式,加大产业化对接,这是形成文化资源产业发展模式的关键。从文化产业发展的一般规律来看,一个区域发展文化产业,往往是从文化资源比较优势,走向文化技术竞争优势,再走向文化市场综合优势。"靠山吃山,靠水吃水",西部地区拥有文化资源的比较优势,必然选择文化资源产业化发展模式。

丰富的文化资源是很多地方文化产业持续发展的战略基础。文化资源不等于文化产品,能够把文化资源转化成为文化产品的创造能力比文化资源还要重要;地区文化产业的发展战略,首先要从文化资源战略入手,而文化资源战略要从文化创造能力开发入手。① 本书从营运模式研究出发,对如何盘活区域文化资源有着一定的理论意义。

文化资源丰富也有可能成为区域文化产业进一步发展的制约因素。要防止陷入死死守着丰富文化资源而"守株待兔"的陷阱,一味开发传统文化资源,一心发展文化资源产业,只在不同文化资源利用上选择文化产业的发展模式。② 要努力提高文化制作技术和文化市场

---

① 祁述裕,韩骏伟. 新兴文化产业的地位和文化产业发展趋势 [J]. 马克思主义与现实, 2006 (5).
② 花建. 区域资源和文化产业的发展模式创新 [EB/OL]. 人民网文化频道, 2007-08-27.

掌控能力，加大文化资源产业化研究，推动文化产业发展模式走向更高层次和进入更高阶段，争取掌握现代文化产业和新兴文化业态发展的主动权。

目 录
CONTENTS

第一篇 理论研究：区域文化资源土壤的多维构成与文化资源产业化开发的启示 ………………………………………………………… 1

第一章 理论概念形成 ………………………………………………… 3
第一节 什么是区域资源，决定区域资源的优势因素是什么 … 3
第二节 取之不竭的文化源泉是我们的精神家园 …………… 5
第三节 让文化商品拥有思想和精神 ………………………… 6
第四节 文化消费能让区域资源走远 ………………………… 7
第五节 找准文化市场的运营之道 …………………………… 9

第二章 区域文化资源土壤的多维构成 …………………………… 12
第一节 有形资源 ……………………………………………… 12
第二节 无形资源 ……………………………………………… 13
第三节 文化智能资源 ………………………………………… 15
第四节 品牌资源 ……………………………………………… 16

第三章　推动区域文化资源产业化开发的指导思想、原则、因素 …… 19

第一节　战略指导思想 …… 19

第二节　应该遵循的原则 …… 21

第三节　文化产业效率的影响因素 …… 25

第四章　从文化资源到文化资本的转换动能 …… 28

第一节　文化资源与文化资本 …… 28

第二节　文化资源与文化资本的关系 …… 30

第五章　区域文化资源产业化开发的构思体系 …… 32

第一节　构建区域文化资源产业化开发的法律保障体系 …… 32

第二节　构建区域文化资源产业化开发的发展战略体系 …… 33

第三节　构建区域文化资源产业化开发的发展配套体系 …… 34

第四节　构建区域文化资源产业化开发的人才培育体系 …… 35

第六章　区域文化资源产业化开发的路径措施 …… 36

第二篇　现状研究：区域文化资源产业化开发的现实研判 …… 39

第一章　区域文化资源产业化进程取得的成就和发展优势 …… 41

第一节　政策保障的加强 …… 41

第二节　文化市场的建立 …… 44

第三节　产业科技化程度提升 …… 46

第二章　区域文化资源产业化存在的问题 …… 47

第一节　区域文化管理体制与经济体制问题 …… 47

第二节　区域历史文化资源问题 …… 49

第三节　区域文化产品问题 ·················· 50

　　第四节　区域文化市场 ······················ 53

第三章　区域文化资源产业化发展的挑战 ············· 55

　　第一节　缺乏管理经验丰富的组织系统 ············ 55

　　第二节　缺乏人力资源管理政策 ················ 56

　　第三节　新产品开发与新技术运用的定位风险 ········ 57

　　第四节　资金支持方面的风险 ·················· 57

第四章　区域文化资源产业化发展的重大趋势 ·········· 59

　　第一节　文化生产方式的科技化与民族化趋势 ········ 59

　　第二节　文化资源继续整合转化为文化项目的趋势 ····· 60

　　第三节　接受模式的创新引发版权革命的重大趋势 ····· 61

　　第四节　事改企下职能转移的培育主体市场的重大趋势 ·· 62

第三篇　比较研究：国内外文化资源产业化的经验启示 ···· 63

第一章　国外区域文化资源产业化转换研究 ············ 65

　　第一节　英国的成功借鉴 ···················· 65

　　第二节　韩国的成功借鉴 ···················· 72

　　第三节　日本的成功借鉴 ···················· 79

　　第四节　澳大利亚的成功借鉴 ·················· 85

　　第五节　美国的成功借鉴 ···················· 90

　　第六节　法国的成功借鉴 ···················· 98

第二章　国内区域文化资源产业化转换研究 ··········· 107

　　第一节　北京 ···························· 107

第二节　上海 …………………………………………… 117

　　第三节　天津 …………………………………………… 124

　　第四节　湖南 …………………………………………… 136

　　第五节　云南 …………………………………………… 145

　　第六节　河南 …………………………………………… 153

　　第七节　深圳 …………………………………………… 167

　　第八节　重庆 …………………………………………… 180

　　第九节　成都 …………………………………………… 189

第四篇　策略研究：中国文化资源产业化发展的战略选择 … 197

第一章　坚持文化产业大国战略 …………………………… 199

　　第一节　打造文化产品的消费大国 …………………… 199

　　第二节　打造文化产品的创作大国 …………………… 200

　　第三节　培养文化产业领域的人才 …………………… 200

　　第四节　促进文化产品的研究开发 …………………… 201

　　第五节　打造文化产品的交易大国 …………………… 201

　　第六节　实现与数字网络时代相适应的文化产业大国 …… 202

第二章　坚持文化品牌大国战略 …………………………… 203

　　第一节　完善文化品牌战略的基础 …………………… 203

　　第二节　孕育丰富的华人饮食文化 …………………… 204

　　第三节　打造多样的有信誉的地方品牌 ……………… 204

　　第四节　把国潮国风时装打造成世界品牌 …………… 205

第三章　坚持国际化战略 ·················· 206

第一节　电影业的国际化战略 ·················· 206
第二节　动漫的国际化战略 ·················· 207
第三节　游戏产业的国际化战略 ·················· 207
第四节　电视节目的国际化战略 ·················· 208
第五节　音乐的国际化战略 ·················· 209
第六节　漫画的国际化战略 ·················· 209
第七节　卡通人物的国际化战略 ·················· 210

第四章　坚持文化创新推动对策 ·················· 211

第一节　制度创新：整体上推进立法、战略规划、产业政策与执行措施 ·················· 212
第二节　技术创新：结合 AI 战略发挥关联产业优势，推进企业协同创新 ·················· 214
第三节　产品创新：把创新的思维方式贯穿到产业链的各个环节 ·················· 217
第四节　市场创新：在做大做强国内市场的前提下积极拓展国际市场 ·················· 220
第五节　组织创新：多维度健全有机型企业组织运行体系 ··· 222

第一篇 01

理论研究:区域文化资源土壤的多维构成与文化资源产业化开发的启示

<<< 第一篇 理论研究：区域文化资源土壤的多维构成与文化资源产业化开发的启示

第一章

理论概念形成

第一节 什么是区域资源，决定区域资源的优势因素是什么

对区域资源优势含义的一般理解是"指某一种资源具有在数量占有上相对充裕、在空间分布上独具特色、在时间拥有上流失性的特征"。这种对区域资源优势含义的静态理解是失之偏颇的，必然导致对区域资源优势的开发和利用上产生狭隘观点。诸如过去评价西部地区资源时所出现的土地资源辽阔、矿产资源丰富、水分分布极其不均、环境恶化、气候恶劣等观点，实质上就是对地域资源优势的静态理解，不具科学性。

要科学理解区域资源优势的含义，就必须结合人类对资源的利用程度。如果人类通过对资源的开发和利用，为人类发展产生了显著的经济效益，并实现了资源、环境、经济的持续发展，那么，这种资源

才能称为优势资源。① 可见，资源优势是相对的、潜在的，它与人类对其利用的程度紧密相关，只有当这种资源被充分利用且对环境和经济产生增进作用时，才能成为真正意义上的优势资源。

区域资源是自然资源的一种，也是艺术家表达自己内心情感的一种媒介。② 区域资源是人文环境产生和发展的重要因素，尤其是艺术的形成与发展。根据文化艺术的发展历程，每一种艺术形式的形成都与区域资源密切相关，从艺术的内核到艺术的表现形式，都广泛地受到区域资源的影响。宗教是人类文明发展过程中一种复杂多样的文化现象，更是人类文明的一种特殊表现形式。不同的民族在宗教文化表现方面也有不同的方式，并且与每个民族的生活方式、传统观念等密切相关。③

区域资源优势只是一种潜在优势，能否通过产业化转化为经济优势，则受多种因素影响。这主要取决于：（1）区域资源能否变成区域独有或特有的文化产品；（2）与其他区域的同类产品比，产品数量是否具有无可比拟的优势；（3）产品质量、成本是否具有很大的市场占有力。只有具备这些条件，通过生产过程和流通过程，才能真正完成地域资源优势向经济优势的转化。把资源优势转换为产业优势，进而转换为经济优势，这是地方特色资源大开发中实现经济持续、稳定、

---

① 海江波，桑晓靖，廖允成. 中国西部地域资源优势及产业化开发途径 [J]. 干旱地区农业研究，2002（6）：124.
② 王雪. 地域资源对油画创作色彩的影响 [J]. 东华理工大学学报（社会科学版），2018（12）：352.
③ 姚金笛. 《中国地方志综录》（增订本）订补 [J]. 东华理工大学学报（社会科学版），2011，30（2）：127-129.

协调发展的必由之路。①

第二节　取之不竭的文化源泉是我们的精神家园

文化源泉，词条来源于党的十八大报告"让一切文化创造源泉充分涌流"一句。文化源泉是指一国或组织文化的来源或根源，如中国的文化源泉包括先秦文化、秦汉文化、唐宋文化等，西方的文化源泉包括古希腊和古罗马文明等。

文化源泉是一个国家、一个民族的不竭动力。文化兴国运兴，文化强民族强。没有高度的文化自信，没有文化的繁荣兴盛，就没有中华民族的伟大复兴。人类社会的发展本身就是一种文化现象，中国特色社会主义文化是对当前社会政治、经济等方面的一种反映。每一种文明都延续着一个国家和民族的精神血脉，既需要薪火相传，更需要与时俱进、勇于创新。中华文化博大精深，中国改革开放和现代化建设的动力就是来自源远流长的中华文化。②

文化是一个民族的精神家园，中华文化拥有五千年光辉历史，不断传承、生生不息，文化自信不仅是当代中国"最硬"的软实力，而且应该是当代中国"最软"的硬实力。一个没有文化自信的民族是不可能傲立于世界民族之林的，一条缺乏文化自信的前进道路是不可能

---

① 刘彬，常庆瑞，赫晓慧. 新疆地域资源优势与产业化开发研究 [J]. 西北农林科技大学学报（社会科学版），2003（5）：83.
② 尹茜. 文化自信的力量源泉 [J]. 人民论坛，2018（16）：236-237.

有人跟随而共同奋进的，一个缺乏文化自信的国家也是不可能真正为世界所认可的！在二十一世纪的今天，正如中国经济一样，文化自信同样应该成为中国最闪亮的招牌。因此，文化自信，我们要从中华文化源泉中去追寻；文化自信，我们要从革命文化源泉中去继承；文化自信，我们要从社会主义先进文化中去提炼；文化自信，我们要在中国特色社会主义伟大实践中去积累。①

第三节 让文化商品拥有思想和精神

文化商品以营业为目的的节目、图书音像制品以及其他可以进行商业交易的文化物品。最早来源于"经济日报"的一段报道，"我国的对外文化交流，不仅需要把传统的和现代的优秀文化介绍给世界，还应该同时推动中国文化商品出口，以文化商品创汇。"②

文化商品是指文化产品消费者在交换过程中所得到的文化精神产品的文化娱乐服务的总和。文化商品包括文化劳动产品和文化劳动服务。文化劳动产品一般是以物质作为文化载体体现的，表现为物态形式；而文化劳动服务则一般是以人的活动作为文化载体体现的，表现为非物态的活动形式。③

---

① 刘迎秋. 也谈新时期中国文化自信的源泉 [J]. 广西职业技术学院学报, 2018, 11 (02)：5-9.
② 佚名. 经济日报, 1990-12-23.
③ 严月珺. 文化商品的兴起与发展——基于《资本论》视角 [J]. 现代经济信息, 2016 (13)：338.

文化商品从根本上讲是作为一种可以实现其经济价值的人类文明产物而存在的。文化商品与其他商品的区别就在于其拥有思想、精神及人生价值等深层内涵。① 这些深层的事物对于一个国家的文化生活来说却可能较那些可以衡量、可以测度的事物更加重要。②

文化商品具有文化产品的一般属性，又具有区别于非商品性文化产品的特殊属性。文化商品的适用范围是其赋予使用者的生产超额利润的能力的所有领域，文化商品价值的承担者，不是知识的使用价值，而是文化商品的使用价值，文化商品的生命周期决定其价值转移与补偿周期，原创性文化商品的价值量由其所耗费的社会必要劳动量决定，复制性文化商品的价值量等于原创性文化商品价值摊销额与生产复制品时新增价值量的总和。③

第四节 文化消费能让区域资源走远

文化消费被视为消费者行为学奠基之作的美国社会学家凡勃伦的《有闲阶级论》，将消费者定义为"有闲资产""有闲生活""有闲需求"的人群。文化消费在我国出现在 2016 年，原文化部联合财政部印发了《关于开展引导城乡居民扩大文化消费试点工作的通知》，其后原文化部又分两批确定了 45 个城市为国家文化消费试点城市，旨在鼓

---

① 马翀炜. 论文化商品的价值 [J]. 云南社会科学，2018（4）：105.
② [美] 约瑟夫·熊彼特. 经济分析史（第 3 卷），第 57 页.
③ 董建斌. 论文化商品的使用价值、价值与价格 [J]. 企业家天地下半月刊（理论版），2008（1）：213.

励和引导各地发掘优势资源，创新试点模式，采取发放文化惠民卡、举办文化惠民消费季、搭建公共文化服务和文化消费平台。①

文化消费是人们为了满足自己的精神文化生活而采取不同的方式消费文化资源的行为，这种文化资源包括文化产品和文化服务。②

文化消费不仅可以满足个体的精神需求，塑造和提升个体，而且对个体的人力资本和社会资本累积都具有重要的作用，因而成为个体实现社会阶层提升的一条优质途径。③ 根据文化消费理论，文化消费的特性在于它需要个体具备对文化产品和服务的"解码能力"才能完成，这种"解码能力"主要是由个体的文化资本累积决定的。④

文化消费的内容和形式多种多样，适用于演艺、动漫、娱乐、文化旅游、文化会展、艺术品与工艺美术、创意设计、数字文化服务、电影电视、图书报刊、教育培训及体育等众多领域。

2018年前三季度，我国居民人均消费支出14281元，比上年同期名义增长8.5%，其中人均教育文化娱乐消费支出1556元，增长5.8%，低于平均增长率，增速最快的是医疗保健消费、居住消费、生活用品及服务消费，分别增长17.4%、12.2%、9.4%；人均教育文化娱乐消费占全国居民人均消费支出的比重为10.9%，占比最高的是食

---

① 吴静寅. 文化消费的影响因素及其促进机制 [J]. 山东社会科学，2019 (06)：94-99.
② 徐淳厚. 关于文化消费的几个问题 [J]. 北京商学院学报，1997 (4)：45-48.
③ 洪涛，毛中根. 文化消费的结构性与层次性：一个提升路径 [J]. 改革，2016 (1)：105-112.
④ 阎占定，向夏莹. 城市化过程中失地农民生活方式变化特点分析——以武汉市为例 [J]. 中南民族大学学报（人文社会科学版），2009 (6)：81-84.

品烟酒消费、居住消费、交通通信消费,分别为28.5%、22.9%、13.5%。① 根据发达国家经验,文化消费通常要占到居民整体消费的30%,而目前我国文化消费规模仅为发达国家的1/3左右,衣食住行用依然占据居民消费支出大头。可见,我国在促进文化消费方面的种种举措,并没有完全将居民文化消费潜力转化为有效的文化消费实际发生。2018年我国电影总票房达到609.76亿元,同比增长9.06%,跻身世界第二大电影市场。据《北京商报》的不完全统计,2018年国内上映的477部电影中,有178部电影票房未过百万元,占全年上映电影近四成;2018上半年国产电影票房收入前50名的电影只有12部盈利、6部持平、32部亏损,盈利的电影无不是拥有良好口碑效应的产品。文化产品之间存在质量差别,质量差别的直接体现就是消费满意度,这使得文化产品的收益有天壤之别。文化产品供给质量影响消费满意度,进而决定着消费者的行为取向。②

第五节 找准文化市场的运营之道

列宁说过:"市场是商品经济的范畴",③ 文化市场源自《文化经

---

① 2018年前三季度居民收入和消费支出情况[EB/OL].国家统计局网站,2018-10-19.
② 刘藩.电影产业经济学[M].文化艺术出版社,2010:17-18.
③ 列宁.列宁选集[M].人民出版社,2012:161.

济学》一书。① 也有一种说法，文化市场最早出现在文化部与国家工商总局联合签发的一份文件中，文件第一次使用了'文化市场'这个概念。它囊括了文艺演出市场、出版市场、娱乐市场、文物市场和集邮市场。"②

文化市场是文化消费各方参与交换的多种系统、机构、程序、法律强化和基础设施之一，文化市场是文化商品和服务价格建立的过程。文化市场体系是指由文化市场交易过程中的相互影响、相互作用的各种文化市场共同构成的有机系统。③

在市场经济的影响下，文化市场是文化产业发展的依靠，因此文化市场在文化资源的配置过程中应该发挥支撑性作用；完善文化市场的现代化体系，应该充分强化文化市场在文化资源配置中的支撑性作用的同时，也要发挥管理部门的作用，以防范市场机制失灵；文化市场也不是一个国家所能单挑和独守的。④ 我国的文化市场体系是由文化消费需求市场、文化生产要素市场、文化产品市场组成，它们之间既相互独立也相互依存，同时相互制约。

适用文化艺术产品生产和消费中介方面，要发展文化市场，就得积极鼓励和正确引导消费者的消费需求。加快健全新的评价体系，让作品和口碑成为真正的流量。建构正确的文化市场体系，倡导积极的

---

① 杨永忠，林明华. 文化经济学-理论前沿与中国实践 [M]. 北京：经济管理出版社，2015.
② 中国工商报，1992-02-20.
③ 罗紫初，秦洁雯. 论文化市场体系的内涵、结构与特征 [J]. 出版科学，2014（01）.
④ 刘金祥. 文化市场已进入"第三代竞争" [J]. 环球时报，2019-07-23（015）.

文化市场生态，引导文化市场朝着健康纯粹的方向发展。① 现今，人们的文化消费习惯还没有形成，消费的需求还远远没有释放出来，文化市场供需的结构性矛盾依然突出。管理部门应该关注文化市场的细分，推出惠民政策为青少年、农民、各类低收入等弱势群体提供消费保障。通过各种方式鼓励文化企业推出新型文化产品和文化服务，培育消费热点，拓展消费领域。

---

① 韩小乔.莫让"粉丝经济"乱了文化市场［N］.安徽日报，2019-06-18（005）.

第二章

区域文化资源土壤的多维构成

第一节 有形资源

有形资产包括自然资源和物质文化遗存资源。目前国际上界定自然资源范围的方式较为单一，主要为列举法。我国法律有明确规定的国有自然资源有13种，包括矿藏、水资源、森林、山岭、草原、荒地、滩涂、土地、野生动植物资源、无线电频谱资源、海域、无居民海岛和空域。[①]

《中国自然资源手册》按列举法将自然资源分为土地资源、森林资源、草地资源、水资源、气候资源、矿产资源、海洋资源、能源资源和其他资源9类。《宪法》以及《自然资源统一确权登记暂行办法》明确自然资源包括水流、森林、山岭、草原、荒地、滩涂、海域、无

---

① 部咨询研究中心.关于当前自然资源管理中几个基本问题的研究［N］.中国自然资源报，2018-06-09（06）.

居民海岛以及探明储量的矿产资源等,并未列明湿地自然资源,但《自然资源统一确权登记工作方案》中明确提出开展湿地自然资源确权登记,认定湿地属于自然资源。实践探索中,江苏省如东县的自然资源分类除了包括土地、矿产、森林、草地、湿地、水、荒地、滩涂等常见类型之外,还包括地形和海洋,共10类。[①] 综上所述,不论是国家的法律、各类政策文件的规定还是实践探索,对自然资源的内涵认定并未统一,现行的自然资源内涵仍存在争议。[②]

第二节 无形资源

"资源"一词原本属于经济学范畴,随着学术界研究的深入,近几年管理学界亦开始特别重视资源与价值、战略、竞争优势之间的关系研究。不同学者对资源分类等基本问题的看法可谓众说纷纭。根据其存在形态,可以分为无形资源和有形资源。[③]

无形资源,无论从中文、英文还是俄语的字面意义来看,都是相对有形资源而言的。命名过程中均充分体现了其显著特点:没有物质形态。目前学术界似乎已经基本达成共识:即无形资源是一种能为企业带来未来收益的没有实物形态的非货币资源。近几年来,无形资源

---

① 孟微波,倪劲松,周建斌.自然资源调查探索与实践:以江苏省如东县试点为例[J].中国土地,2019(5):19-22.
② 冯银静,苏墨,廖琦,张戈.三调视野下的自然资源调查探索与思考[J].中国国土资源经济,2020(3).
③ 钟安石,[俄]里昂惕夫·利迪雅·谢尔盖耶夫娜.无形资源分类问题探析[J].齐鲁师范学院学报,2015(2):110.

在企业界和理论界均被视为能够提升企业核心竞争力的动力源泉，在企业战略的制定与调整过程中起着潜移默化和至关重要的作用。学术界通过对无形资源的研究，一般认为：无形资源在一定程度上可以提高资本和劳动力的利用率；另外，无形资源在发挥作用的过程中通常没有损耗。然而，就无形资源的分类而言，学术界尚存在分歧。

陈宏军把无形资源分为四个部分：即名誉、关系、权力和秘密。① 郑向敏和薛志荣认为无形资源通过有形资源而产生，依附有形资源而存在，通常包括口碑、形象、信息、时间等无形物质。② 金建国将企业无形资源大体分为七类：即企业能力资源、企业关系资源、企业技术资源、企业文化资源、企业制度资源、企业信息资源、其他无形资源；另外特别指出，企业商誉已经被能力、形象等资源涵盖，不应重复考虑。③ 俞立平在研究无形资源对中国经济增长的过程中将无形资源分为两个部分：即信息资源、高层次的知识和科技进步。④ 王新哲列举的无形资源要素包括厂商名称、专利权、商标权、技术（经营）秘密和域名等。

综上所述，国内外学者一般认为企业无形资源主要指信息、技术和各种无形产权。《中华人民共和国会计法》对无形资源（确切讲是狭义的无形资源——无形资产）的分类是基于比较宽泛的观点，例如知识产权等企业信息技术资源在满足一定条件后可视为企业资产计量，即可辨认无形资产。

---

① 陈宏军. 现代企业无形资源研究 [J]. 财贸研究, 1997 (4).
② 郑向敏, 薛志荣. 现代饭店无形资源管理 [M]. 广州: 暨南大学出版社, 1999.
③ 金建国. 企业无形资源的相关问题探讨 [J]. 中国软科学, 2001 (8).
④ 俞立平. 无形资源对中国经济增长的实证研究 [J]. 情报科学, 2006 (3).

第三节 文化智能资源

文化智能资源,通过人的智力运作发挥知识的创造力,在产业运行中创造价值,实现价值的增值。文化智能资源通过产业运作,能够创造价值并带来剩余价值,其资本属性由智能资产的结构决定。文化智能资源价值的大小取决于知识和智力的结构及其融合程度。文化智能资源的价值表现形式也是货币,它包括以下两种存在形式:一是外显文化智能资源,即一切可以带来价值或效用的智力成果,包括创意、发明、专利、著作、作品、商标、声誉、有价信息等,智力成果的核心要素是知识;二是内隐文化智能资源,是指人力资本减去体力劳动的那部分脑力资产,脑力资产的核心要素是智力。①

总之,智力成果和脑力资产共同构成文化智能资源,文化智能资源的两个核心要素是知识和智力,可以通过产业开发,相应形成文化产业的两个重要门类,即版权业和创意业。创新又是智力的高级形式,是一种能力结构。创新能力包括创新精神和创新方法两层含义,创新精神指创新能力的非智力因素,如求知欲、创新意识、勇敢精神、顽强精神、科学态度等;创新方法指创新能力的智力因素,包括逻辑思维、非逻辑思维、创造性思维、求解思维以及中国式东方思维等方法。

---

① 吕庆华.文化智能资源的版权业及创意业开发分析[J].现代传播双月刊,2006(4):112.

第四节　品牌资源

　　文化品牌是文化产业品牌化的结果，是关于文化、艺术、娱乐、休闲、新闻、出版、传播等行业的品牌。文化品牌是文化企业发展的重要无形资产，决定了文化企业当前及未来的发展，已有学者对文化品牌理论的研究主要围绕文化品牌的内涵、定位、要素、意义和类型等几个方面展开：（1）关于文化品牌内涵的研究，刘文俭认为，文化品牌的实质是文化精神价值与经济价值的双重凝聚，其独特的个性除了与普通商业品牌具有同质性外，还具有意识形态属性，更注重品格与个性色彩，强调感情投入和精神因素，具有垄断性和唯一性；① 而宋颖鑫认为，文化品牌是企业或组织为满足消费者及自身发展的需要，为体现文化产品的经济价值与精神价值，而对文化、艺术、休闲、娱乐、新闻、出版、传播等行业的产品或劳务确定名称、图案、文字、象征、设计或其互相协调的组合，是消费者对文化产品认识的总和。② 这两种文化品牌内涵的认识都是在品牌内涵的基础上，主要考虑了文化产品的精神价值和经济价值两个要素。（2）关于文化品牌要素及定位研究，史东博认为文化品牌应包括主体、标识、定位、实力、个性、媒介、平台及财力8个基本要素，③ 而潘丽英、杨涛等认为文化品牌

---

① 刘文俭. 城市文化品牌建设对策研究 [J]. 城市，2009（1）：71-75.
② 宋颖鑫. 析成都三圣花乡文化品牌的构建与管理 [D]. 重庆大学，2010.
③ 史冬博. 刍议我国高校体育文化品牌的基本要素 [J]. 北京体育大学学报，2009（2）：102-103.

定位应包括基础性定位、价值性定位及前瞻性定位三方面。①（3）关于文化品牌特征及分类研究，欧阳友权总结提出我国文化品牌的特征主要体现在品牌类别分布广、品牌发展迅猛及品牌领军人才大量涌现等方面。从文化品牌的特征上可以看出，我国的文化品牌正处于迅速发展时期。②

对于文化品牌分类主要从其主体、层次和内容三个视角进行了研究：从主体上文化品牌分为社区文化品牌、企业文化品牌、校园文化品牌、机关文化品牌；从层次上文化品牌分为镇街文化品牌、县域文化品牌、城市文化品牌、省域文化品牌、国家文化品牌；从内容上文化品牌分为文化产品品牌、建筑文化品牌、节会文化品牌、广场文化品牌、旅游文化品牌、餐饮文化品牌、演艺文化品牌、传媒文化品牌、民俗文化品牌。③

文化品牌是文化行业发展的衍生品，是文化、艺术、娱乐、休闲、新闻、出版、传播的品牌。文化品牌象征着文化的价值，并且对未来的文化行业发展具有重大影响。随着经济形势的逐渐转变，文化品牌成了热点的话题国家与人民日益依赖的产业，同时文化品牌也对国家软实力有着决定性的影响。提升我国的文化品牌质量对于突破目前我

---

① 潘丽英，杨涛. 体育文化品牌定位评价指标体系研究［J］. 天津体育学院学报，2013，47（5）：41-45.
② 欧阳友权. 中国文化品牌的特征及发展对策［J］. 深圳大学学报：人文社会科学版，2009，26（4）：61-63.
③ 孟鹏，荆树伟，张湘雪. 文化品牌价值评价模型研究［J］. 标准科学，2018（12）：93.

国的经济瓶颈具有显著意义。[①] 文化品牌是文化行业发展的衍生品，是文化、艺术、娱乐、休闲、新闻、出版、传播的品牌。文化品牌象征着文化的价值，并且对未来的文化行业发展具有重大影响。20世纪以来文化品牌在学者研究的方面成了热点话题，如何提升我国的文化产业质量，构建我国知名的文化品牌成了研究的方向，短短几年时间文化产业有了突飞猛进的发展。

[①] 高烨辰，崔瑜. 我国文化品牌研究的演化与发展——基于文献分析的视角 [J]. 价值工程，2018（29）：270.

第三章

推动区域文化资源产业化开发的指导思想、原则、因素

第一节 战略指导思想

一、有利于实现文化产业升级

文化产业的发展在很大程度上取决于文化消费和文化交融,而影响文化消费最主要的因素是人们的生活水平。[①] 在国家政策的带动下,各区域所具备的各类社会资源在逐渐增多,资源配置也更加合理,从而为经济的发展打下了基础。经济的发展促使人们生活水平得到提

---

① 吕敏蓉. "一带一路"战略下湖南文化产业发展机遇与对策[J]. 当代经济,2016(11):66.

升，文化消费也相应增加，这在很大程度上推动文化产业的升级。①

二、为文化产业的发展提供充足的资金扶持

"文化立国"作为我国重要的发展战略，受到社会各界的广泛关注，政府在相关方面的投资也在逐渐加大，国家的资金尤其对于文化产业的扶持力度更大，这就为区域文化产业的发展打下了坚实的基础。②另外，政府在相关方面也制定了有利政策，这为区域文化产业的发展提供了稳定的社会环境，增强了各文化企业对文化产业的了解，投资力度在不断增大，融资环境也更加有利。③

三、为文化产业的发展提供人才支持

资金和人才是支持时代前进的主要力量，在 21 世纪的今天，人才的作用更加突出，只有拥有充足的人才支持，才能为社会的发展提供稳定的基础。④"文化立国"战略的实施势必会吸引较多的外地企业入驻，从而在很大程度上推动了跨省、跨国交易的发展，这就需要大量

---

① 曾兴．"一带一路"背景下文化会展业发展研究［J］．四川文化产业职业学院学报，2016（1）．
② 陈凯，丁雅莉．"一带一路"战略背景下广西文化产业发展新思路［J］．新闻研究，2015（20）．
③ 周晓燕．"一带一路"战略对衢州产业、企业发展的机遇与对策［J］．统计科学与实践，2015（7）．
④ 王会粉．"一带一路"战略下河南文化创意产业发展分析［J］．创新科技，2016（3）．

懂得当地习俗同时具有较强跨国交易能力的人才,所以要求区域要采取有效措施培养和吸引较多的人才,当地高校要有计划地组织开设相关课程,利用优厚的待遇等措施来留住人才,为区域文化产业的发展提供充足的人才支持。①

第二节　应该遵循的原则

文化产业作为以文化资源开发为核心的经济产业形态,有着自己独特的产业特征和发展规律,其发展要遵循一定的规律和原则,而民族地区文化产业作为一个具有民族特色的文化产业,不仅要遵循文化产业发展的一般原则和规律,还要遵循为维护自身发展特色而应遵循的规律和原则。②

一、突出优秀传统民族文化特色,立足传统开发创意的原则

文化产业是从事文化产品生产和提供文化服务的经营性行业。文化产业作为一种特殊的文化形态和特殊的经济形态,是以文化形态为基础的经济形态。文化最大的特点是积累性,任何文化的发展与创造都是在继承传统文化基础上进行的,使用现代生产、经营方式运作的

---

① 翟立强. 中国钢铁产业发展面临的新机遇与新策略——基于"一带一路"战略背景的分析 [J]. 国际商务论坛,2016 (2).
② 王平. 民族地区新型城镇化的路径与模式探究 [J]. 民族研究,2014 (1).

文化产业也割不断与传统文化的关系。传统文化在这样一种新兴的、前景无限的产业发展中具有重要作用。在文化产业的发展过程中，区域传统文化资源是不可替代的文化资本。① 区域特色文化产业，是一种以民族地区传统文化为基础的产业形态，离开了民族地区传统文化，便失去了根基，就失去了存在和发展的基础和动力，必须充分挖掘民族地区传统文化中适合产业发展的文化特质和文化元素，并对其做出符合现代精神文化消费需求的创意和展示。②

二、弘扬民族地区优秀文化精神与创新繁荣民族地区文化产品和服务相结合的原则

民族地区文化产业发展目的是为民族地区和喜爱民族地区文化的广大消费者提供具有民族地区特色的文化产品，满足他们文化消费需求。③ 这种消费需求有其特殊性，消费群体具有文化和心理上的消费倾向性。民族地区优秀文化是民族地区文化产业的内在特质，民族地区文化产品和服务是民族地区文化产业的物质载体，只有坚持弘扬民族地区优秀文化精神和创新繁荣民族地区文化产品和服务相结合，才能为民族地区文化产业的消费群提供具有民族地区特色的文化产品和服务，满足他们的消费需求。④

---

① 张鸿雁. 新型城镇化视野下的少数民族特色城市建设 [J]. 民族研究，2014 (1).
② [法] 布尔迪尼. 文化资本与社会炼金术 [M]. 包亚明，译. 上海：上海人民出版社，1997：35.
③ 李晓焕. 少数民族地区文化产业发展之探讨 [J]. 理论探讨，人民论坛，2011 (3).
④ 刘慧. 新型文化产业人才的培育路径 [J]. 人民论坛，2011 (4).

三、遵循民族地区传统特色文化产业和民族地区现代创意文化产业相结合的发展原则

自我需求体现传统性消费需求和现代性消费需求相结合的特色，传统性文化消费满足人们传统消费习惯的延续和传承优秀文化的需求，现代性文化消费是基于人们对现代生活的追求和创新发展文化的需求。① 满足特殊文化消费需求的民族地区文化产业，包括民族地区传统文化产业和民族地区现代创意文化产业，民族地区传统文化产业是具有民族地区传统优秀文化形态的经济形态，体现民族地区文化的源生性，满足消费群体的传统性消费；而民族地区现代创意文化产业是具有现代民族地区文化气息和生活方式的特色行业，体现民族地区文化的创意性和现代性。② 只有坚持民族地区传统特色文化产业和现代创意文化产业相结合的发展原则，才能满足广大民族地区群众的传统性精神文化消费需求和现代性精神文化消费需求，促进民族地区文化产业的全面发展。

四、坚持精神性、娱乐性、大众性相结合的原则

文化产业是具有精神性和娱乐性文化产品的生产、流通、消费活动。文化产业以消费时代人们的精神文化娱乐需求为基础，为社会公众提供文化服务和文化产品，以满足人们日益增长的精神文化生活需

---

① 龚丽娅. 关于文化产业发展的几点思考[J]. 新闻与传播, 2011 (3).
② 王天鹏. 云南民族文化产业的发展对策构想[J]. 黑龙江农业工程职业学院学报, 2006 (1).

求服务。

五、坚持发展民族特色文化产业和民族地区新型城镇化和少数民族特色文化城市建设相结合

世界城市发展的经验证明，对于少数民族地区经济发展来说，特色文化城市建设恰恰可以作为城市发展的主要动力。少数民族城市文化具备传统的天赋性、高认同性、地方性、垄断性和强资源性，既可以直接进入国际竞争的前沿，又可以转化为城市的经济资本、财富资本和城市文化资本。打造少数民族特色文化城市已成为全球化语境下少数民族文化突破困境的必然选择和最优路径，通过将少数民族地区的民族特色文化资源转化为文化资本，大力发展具有少数民族特色的文化产业，并以此为基础将民族地区农业、畜牧业、工商业多种产业和少数民族生活、自然地理生态和社会经济共同发展。

六、坚持现代创意与文化产业相结合的发展原则

少数民族区域文化消费、文化组织等要素进行整合，最终建设成具备自我发展、自我更新、自我辐射、自我打造能力的民族地区特色文化城市动态系统，将少数民族特色文化城市从传统的简单的"文化载体"上升为"城市文化资本"再生产的创新"场域"。

第三节 文化产业效率的影响因素

现代产业模式相互融合，影响因素错综复杂。主要影响因素包括：

一、产业政策（policy）

保证文化市场的繁荣发展，需产业政策支撑。在文化企业中有较大部分属于事业单位性质，兼具市场发展和计划发展属性。因此在文化产业转型时期，政策出台配套产业是对区域文化产业发展的重要扶持手段与投入方式。[①]

二、市场旅游文化需求（demand）

文化产业所提供的产业是针对居民的文化需求出行需要，没有需求侧的不断提升，就没有供给侧结构的优化。本文采用人均文化消费占人均支出的比值测度市场文化消费结构，从而反映出文化总体需求指标。[②]

[①] 周玉锋，吕勤. 基于旅游文化保护视域下青州特色旅游文化产业新模式研究[J]. 保山学院学报，2019（1）：75.

[②] 翁钢民，李凌雁. 中国旅游与文化产业融合发展的耦合协调度及空间相关分析[J]. 经济地理，2016，36（1）：178-185.

三、人力资本水平（capital）

提高产业效率的主要方式是提升劳动力的服务水平和技术水平。[1]区域文化产业的核心是创意和思想，这是文化产业有别于其他旅游项目的核心优势，美国的"迪士尼"项目，就是围绕迪士尼品牌所构建的一系列旅游娱乐体验，进而产生的文化模式。[2]

四、城市化水平（city）

城市化是实现产业纵向发展的重要措施，推进城市化能够帮助城乡居民共享公共文化设施，有利于文化企业建立网状经济结构，使得当期居民获得参与感和经济利益，从而加深彼此信任，降低管理成本、搜寻成本和信息成本，使得生产效率更高。[3]

五、产业基础设施（basic）

文化基础设施是促进旅游文化产业发展的重要基石，是培育繁荣

---

[1] 杨春宇，邢洋，左文超，等. 文化旅游产业创新系统集聚研究——基于全国31省市的PEF实证分析［J］. 旅游学刊，2016，31（4）：81-96.
[2] 纳慧. 特色产业、文化与旅游的耦合——以西部地区葡萄酒产业为例［J］. 商业经济研究，2016（19）：203-205.
[3] 肖博华，李忠斌. 民族地区文化旅游产业竞争力评估体系及测算［J］. 统计与决策，2016（15）：59-61.

市场的主体和核心载体,更是拉动旅游文化市场发展的火车头。①

六、经济发展水平（market）

地区经济发展水平代表了居民的消费能力,经济发展能力及经济发展潜力,是能够反映经济增长与文化消费间直接效应的重要指标。②

---

① 古冰.基于投入产出法及 ANN 模型的文化产业和旅游产业融合分析［J］.商业经济研究,2017（18）：170-173.
② 马光霞,伍辉.青州市旅游文化产业发展的 SWOT 分析及其对策［J］.潍坊工程职业学院学报,2010,23（4）：3-6.

第四章

从文化资源到文化资本的转换动能

第一节 文化资源与文化资本

一、文化资源（其主体是历史文化资源）

包括物质文化资源和精神文化资源两大类别，它们之所以能够成为文化资本的内核，是因为它们本身具有文化价值，同时这种价值又是与人们的消费需求联系在一起的。① 人们的消费需求主要包括物质需求和精神需求，物质需求的满足在消费中表现为注重商品的使用价值和实用性，精神需求的消费更多地注重满足情感需求和自我表现。随着人们的需求不断由低级向高级演进，文化资源中包含的各种文化价值，对应和满足了人们对了解历史知识、民俗风情、传统价值观念和生活方式以及进行休闲娱乐等方面的精神需求，使人们能够获得与

---

① 马黎明. 基于历史文化资源优势的文化产业发展目标与重点 [J]. 齐鲁学刊，2015（4）：96.

自己的现实身份和生活方式迥然相异的独特体验，或者能够与消费者形成情感联结，甚至给他们带来身份认同和自尊感。① 这样，历史文化资源因其蕴含的文化价值和文化意义，就在给消费者带来精神享受的同时，也给生产者带来利润或收益。

二、文化资本

皮埃尔·布迪厄对马克思的资本概念进行了扩展，认为资本并非仅限于经济资本，要全面认识和理解社会界的结构与功能，就必须引进资本的一切形式。为此，他将资本划分为经济资本、文化资本和社会资本三大形态，并重点对文化资本进行了系统阐析②：文化资源向文化资本的转化以历史文化资源优势促进文化产业发展，其实质在于通过深入挖掘历史文化资源内涵的文化价值来满足消费者的精神文化需求，不仅实现文化价值向经济价值的转换，而且给历史文化资源的所有者带来额外价值。这既是一个历史文化资源的市场化和产业化过程，也是一个历史文化资源向文化资本的转化过程。

文化资本有三种存在形式：一是具体的形式，以精神或肉体持久的"性情"形式存在，主要是指个体行动者通过家庭环境及学校教育获得并成为自身精神与身体组成部分的知识、教养、技能、趣味及感性等，涉及文化资本与个人发展的关系；二是客观的形式，即以文化

---

① 祁述裕. 中国文化产业发展战略研究 [M]. 北京：社会科学文献出版社，2008.
② [法] 皮埃尔·布迪厄. 资本的形式 [A]. 薛晓源，曹荣湘. 全球化与文化资本 [C]. 武锡申，译. 北京：社会科学文献出版社，2005.

产品的形式存在，主要包括书籍、绘画、古董、文物等，研究的方向是文化产品和文化产业；三是体制的形式，主要是指学历文凭、资格证书、行业执照等，表示对个体掌握的知识、技能予以某种权威性的确认，并将其转化为社会公认的制度形态。

第二节 文化资源与文化资本的关系

在布迪厄文化资本理论的基础上，戴维·思罗斯比从文化产业发展的角度对文化资本及其与文化资源的关系进行了更为深入的研究。戴维·思罗斯比明确指出，文化资本就是以财富的形式具体表现出来的文化价值积累，它包括有形的和无形的两种存在形式：有形的文化资本的积累，存在于被赋予文化意义（通常称为"文化遗产"）的建筑、遗址、艺术品和油画、雕塑及其他以私人物品形式而存在的工艺品之中；无形的文化资本包括一系列与既定人群相符的想法、实践、信念、传统和价值，它常常以公共品的形式存在于公共领域，例如文学、音乐、戏剧等口头和非物质遗产。[①] 显然，无论是布迪厄关于文化产品的论述还是基于戴维·思罗斯比的定义，文化资本都是以文化资源为内核的，即文化资源构成了文化资本的核心要素。

一、促进文化与金融的结合，加大对历史文化资源保护、开发和利用的物质资本投入。正如布迪厄所指出的那样，文化产品是客观化

---

① 张鸿雁. 城市形象与"城市文化资本"论——从经营城市、行销城市到"城市文化资本"运作 [J]. 南京社会科学，2002 (12).

的经济资本和文化资本的统一，"文化产品既可以表现出物质性的一面，也可以表现出符号性的一面。① 在物质性方面，文化产品预先假定了经济资本，而在符号性方面，文化产品预先假定了文化资本"。文化产品的物质性是其符号性的物质载体，是依靠经济资本的投入而形成的，在这一过程中，文化资本也借助经济资本转换成了文化商品。如果没有相应的物质投入对历史文化资源进行保护和利用，那么它的经济价值和文化价值都会贬值甚至丧失。② 因此，做好文化资本与经济资本的结合，加大对文化资源保护与开发的物质投入，是发挥历史文化资源优势、促进文化产业发展的基本前提。

二、促进文化与市场的结合，实现文化价值向经济价值的转换。尽管历史文化资源的产业化需要具体的物质载体，文化产品的外观也会给消费者带来相应的感官体验，但就文化产品的物质性而言，它与其他包含了经济资本的普通产品并没有什么区别，只有在符号性的意义上，文化产品作为文化资本才具有了独特价值，消费者也才会为文化产品的文化价值而付费，从而使文化价值转化成经济价值。③ 因此，对文化产品的生产或文化产业来说，一方面离不开物质资本的投入，另一方面又必须通过文化资本的投入增加其文化价值，以此实现文化产品与消费者精神需求的对接。任何偏离文化价值的产业化开发，都是与文化产业的本质属性相背离的。

---

① [美] 刘易斯·芒福德. 城市发展史——起源、演变和前景 [M]. 宋俊峻，倪文彦，译. 北京：中国建筑工业出版社，2005.
② 刘风凌，褚冬竹. 重建"城市文化资本"——历史风貌街区"时尚化"趋势及发展策略初探 [J]. 中外建筑，2010（3）.
③ 厉无畏，蒋莉莉. 发展创意产业解放文化生产力 [J]. 毛泽东邓小平理论研究，2008（5）.

第五章

区域文化资源产业化开发的构思体系

如何在信息时代继续保持社会和经济的持续发展，如何看待区域文化产业对保持社会和经济持续发展的重要作用，如何建立区域文化资源产业化开发的构思体系，已成为中国政府，特别是文化主管部门、商界及学术界普遍关注的问题。①

第一节 构建区域文化资源产业化开发的法律保障体系

政府应加大宏观调控和知识产权保护力度，首先要从法律和制度方面营造有利于文化产业发展的产业环境。一方面要给予公益性文化事业必要的财政支持；另一方面要促进文化产业的发展，鼓励从事文化生产、传播、销售等单位，在规范的法制下参与竞争。国家要制订

---

① 陈美华，陈东有. 英国文化产业发展的成功经验及对中国的启示 [J]. 南昌大学学报（社科版），201（9）：65.

文化产业中长期发展规划及产业政策,理顺文化产业管理体制,并深化改革,加强文化领域立法,如演出法、新闻法、出版法、电影法、广播电视法及文化市场管理法等,依法管理文化产业。文化从业人员要在法律范围内,在百花齐放、百家争鸣的方针下,努力从事先进文化艺术的创作,建立起与中华民族几千年文化传承相适应而又体现时代精神的文化产业,在世界范围的服务业内进行竞争。[①]

第二节 构建区域文化资源产业化开发的发展战略体系

发挥地方文化资源优势,建立区域文化产业发展战略体系,有一个共同的特色是都会有聚集于某一地区的现象,这就是产业发展的集聚效应。产业的地理集聚现象,已经成为区域经济发展的重要研究课题,在文化产业的发展中同样表现出这一特征。区域文化产业的成功模式就在于对不同地域丰富的自然与文化资源的有效开发与整合。我国作为一个具有悠久历史的国家,拥有众多的文化资源和文化遗产。国内许多地区都有自己历史传统深厚的特色产业,如以刺绣闻名的苏州、以瓷器知名的景德镇等地,文化产业在区域经济发展中大有可为。除了对经济发展的巨大作用,文化产业对区域发展所能够发挥的作用还包括:美化与活化区域环境、提供就业、吸引居民与观光、提高房

---

① 陈忱.中外文化产业比较研究[J].中国经贸导刊,2004(12):19.

地产价值、吸引高端人才等。文化产业与其他产业的结合，可以提高产品的附加价值，提升产品利润，促进区域竞争力。地方政府应该就本地区的人文、自然、产业等资源做出全盘性的调查，客观认清自身优势和劣势，再由地方政府统一对外宣传。地方政府在对资源与特色有清醒认识的基础上，可以从宏观上对文化产业的发展战略、区域竞争比较优势、综合效益和可持续发展等各方面做出规划。[①]

第三节 构建区域文化资源产业化开发的发展配套体系

充分利用现代科学技术，建立数字化文化产业发展配套体系。随着文化与科技的融合日益加深，数字化制作加工、网络、数据库等数字化技术对于文化产业的发展越来越重要。我们要以数字化技术等高新技术手段，大力推动广播、电影、电视、出版、设计、广告等行业的数字化产业化升级，开拓数字报纸、数字图书馆、数字书店、数字剧场、数字教育等多方面，这将是文化产业潜在的巨大市场；特别是不能忽略网络消费市场和网络消费习惯的培育；要利用先进数字技术，搭建集文化产业研发、生产、流通、交易于一体的数字化平台，借助通信和网络技术，打造一个无界域的"虚拟集聚区"，实现政、产、学、研、消费等各个链条上的数字化高端整合，进一步拓展文化

---

① 佟贺丰. 英国文化创意产业发展概况及其启示 [J]. 科技与管理, 2005 (1).

创意产业的深度和广度。①

第四节 构建区域文化资源产业化开发的人才培育体系

发挥人力资源优势，建立创意人才培养体系。人才是发展文化产业的一个至关重要的因素。比如英国发展文化创意产业起步早，后劲足，重视培养青少年的创意能力使它确立了优势地位。有关统计资料显示，在伦敦，文化创意产业人才占从业人员总数的14%、东京为15%、纽约为12%。而目前我国北京、上海等地的文化创意产业从业人员占总就业人口的比例还不到1‰。创意人才数量上的差别反映了文化产业发展中的差距。我国具有悠久的历史和厚重的文化底蕴，但是在千百年来官本位社会环境和长期计划经济的影响下，发掘创造性思维的社会氛围还需要改善，人们的创造潜力还远远没有得到发挥。因此，要加快发展我国的文化产业，在人才培养方面，政府要有意加强院校中专门创意人才的培养，调整高等院校课程设置，建立系统的创意人才培养基地；并充分利用网络及其他教育机构进行多种形式的创意专业资格培训，加强与其他国家的人才交流与合作，为文化创意产业的发展提供强大的人力支撑。

---

① 王燕.科技是文化创意产业腾飞的翅膀——英国文化创意产业的印象与启示［J］.江南论坛，2011（10）：22.

第六章

区域文化资源产业化开发的路径措施

一、将民族地区文化产业规划纳入民族地区新型城镇化建设的整体规划之中，制定出符合民族地区实际情况和民族特色相结合的文化产业发展规划。

二、充分挖掘民族地区传统文化资源，将保护民族原生态文化和发展民族文化创意产业相结合。①

三、发展具有差异性的地区特色优势的传统民族地区文化产业。

四、大力发展区域民族文化产业人才，增强人才竞争力。

五、建立合理的民族地区文化产业结构，大力拓展民族地区文化产品市场。

六、学习借鉴国内外文化产业发展的成功经验。

七、注重民族地区特色文化产业品牌的打造，加强民族地区特色文化产业营销传播。

八、打造民族地区文化产业链，促进民族文化地区产品及服务由

---

① 王平. 民族地区新型城镇化的路径与模式探究 [J]. 民族研究, 2014 (1).

低附加值向高附加值转变。

九、注重民族地区特色文化产业品牌的打造,加强民族地区特色文化产业营销传播。

第二篇 02

现状研究:区域文化资源产业化开发的现实研判

第一章

区域文化资源产业化进程取得的成就和发展优势

第一节 政策保障的加强

一、财政投入政策

我国文化产业政策的扶持力度除了向大型文化企业倾斜,已经开始向区域中小企业倾斜,通过政策引导,推动企业做大做强,发展产业集团,形成产业集群,实现产业规模。这在文化产业发展的起步阶段是很好的决策,当产业发展到一定程度时,产业政策随着发展态势的变化需要有所调整,政策进一步向中小企业倾斜。从我国文化企业的数量来看,中小企业和个体经营日趋增多,但中小企业和个体经营与发展速度较慢,抵御风险能力弱,这就需要政府的扶持才能生存,制定专项扶持中小文化企业和个体经营的财政扶持政策。① 财政开始重点扶持文化内容创新。这是有利于文化产业可持续发展的文化消费政策。调整文化建设结构，在注重文化硬件设施建设的同时，加强对文化内容创新的扶持力度，真正走上内容为王的轨道。同时，加强文化市场执法力度，整顿市场经济秩序，规范文化市场主体行为，打击盗版行为，强化知识产权的保护，激发创作者的权益。

二、税收优惠政策

国家出台了提升文化软实力发展要求的税收政策，完善了税收立法。加快建立健全了以《文化产业促进法》为上位法的税收法，其内容是：将有关文化产业的各项税收政策形成体系，以法律形式确定国家发展文化产业的基本税收扶持政策。②

扩大优惠政策的适用范围。将所有文化企业（大、中、小型）列入了享受优惠政策的范围之内，为各类文化企业营造公平的税收环境和竞争平台。广泛吸纳社会资本投资到文化产业中去，让更多的文化企业享受到税收优惠政策。

实行差别税收优惠政策。根据各区域经济发展情况而实行差别税收优惠政策，对西部欠发达地区，特别是少数民族地区，实行了优于比较发达地区的税收优惠政策，体现出差别性，形成发达地区带动欠发达地区的良好格局。这样进一步借以提高少数民族地区市场竞争

---

① 王丹. 我国文化产业发展的经济政策研究［J］. 吉林工商学院学报，2015（2）：28.
② 吉姆·麦奎根. 文化政策的三种话语［M］. 长春：吉林人民出版社，2007.

力,推动了少数民族地区文化产业发展。从而促进欠发达地区的文化产业发展,使文化产业发展趋于平衡。政府对民族特色文化产业给予了适当的财政补贴,加强了对民族特色文化产业的扶持力度,提升了我国区域民族特色文化产业的生命力。

三、投融资保障政策

健全符合文化产业发展目标的投融资政策,解放思想,创新文化发展思路,吸引非公资本进入文化产业。改革发展的实践证明,市场化发展,需要社会力量的介入,才更具竞争力。所以,要解决民营资本进入文化产业领域障碍性问题。这样,国家的和谐文化建设才会更有成效,促进国家软实力竞争。①

拓展融资渠道,创新金融工具。在文化产业投融资方面严重短缺的直接融资方面,鼓励和扶持文化企业通过债券市场筹集资金。在风险资金和私募资金进出口文化产业方面还进行了大胆的尝试。金融衍生产品的创新,使具有巨大经济增长潜力的文化产业领域能够得到有效支持。

进一步完善了金融支持文化产业的政策。扩大金融市场,合理取消外汇管制,实现文化资本自由流动,与世界各国文化集团开展全方位、多层次的合作,在国家允许的范围之内大力发展中外合资文化企业集团。鼓励民间资本拓展,以投资、参股、兼并、收购、承包等方

---

① 毛少莹. 转型与重构——中国文化政策三十年 [A]. 公共文化政策的理论与实践 [C]. 深圳:海天出版社,2008.

式，积极参与文化产业领域之中，形成各类投资主体平等竞争、共同发展的文化产业新格局。

第二节　文化市场的建立

一、文化市场体系的基本确立

我国逐步构建了现代文化市场体系，促进了文化产业健康繁荣发展，通过共同努力基本能准确把握文化市场体系的基本特征。市场体系的特征，是由构成体系的各类市场的特征决定的；而市场的特征，又在很大程度上取决于市场交换对象的属性。[①] 文化市场的交换对象是各种类型的文化产品，由文化产品所具有的两重属性——商品性与文化性所决定，文化市场既具有与其他商品经济领域市场体系所共同具有的基本特征，也具有不同于其他商品经济领域市场体系的个性化特征。[②]

---

① 罗紫初，秦洁雯. 论文化市场体系的内涵、结构与特征 [J]. 出版科学，2014（1）：20.
② 徐亮. 文化市场根本特征和管理原则的探讨 [J]. 中共济南市委党校济南市行政学院济南市社会主义学院学报，1999（2）.

二、基本类型的市场共同构成

(1) 文化产品市场。

这是以文化物质实体产品为交易对象的所有场所、过程、关系等的集合。其特征是：市场交换对象是有形的文化产品；以个体分散购买消费为主；交易频繁、次数多、量大；就商品阶段性质而言，是最终满足消费者消费的阶段。凡具有上述特征的文化市场，都可称之为文化产品市场。①

(2) 文化服务市场。

这是文化商品市场的特殊形态，是以无形文化服务为交易内容的所有场所、过程和关系等的集合。其特征是：市场交换对象是无形的文化服务；交易次数少，但门类繁多；以个体集中消费为主；生产过程与消费过程具有同一性，一旦生产终止，它所提供的文化价值、消费者的文化享受也就结束了。除此之外，享受文化服务的费用比一般服务费用高，文化服务具有奢侈品的性质。凡具有上述特征的文化市场，都可称之为文化服务市场。②

(3) 文化要素市场。

这是指为文化产品和服务的生产与经营活动提供所需的各种基本要素的市场。文化要素市场通过提供生产经营文化商品必不可少的有形或无形的生产要素，担负着为文化市场体系配置资源、促进文化市

---

① 江宗德. 把握现代文化市场体系的基本特征 [N]. 人民日报，2011-08-01.
② 罗紫初. 出版学基础 [M]. 太原：山西人民出版社，2005：32, 59, 60.

场体系顺利运行的重任。其特征：首先，文化要素市场中交易的商品既有有形的也有无形的，并且是以无形要素为主；① 其次，市场购买者主要是各类文化企业，交易次数少但交易对象相对固定；此外，就商品阶段而言，文化要素市场是连接生产和生产性消费的市场，是在文化市场体系内部运行的市场。凡具有上述特征的文化市场，都可称之为文化服务市场。

第三节　产业科技化程度提升

促进文化与现代科技相结合，实现文化产业业态的多样化。市场流通是文化资源转化为文化资本的关键环节，由消费者文化消费的多样性所决定，文化产业也必须具备多种业态或形式。② 无论是有形的文化资源还是无形的文化资源，只有尽可能多地转化为消费者认可的物质形式，或满足消费者对文化产品的多样化需求，才能实现资本收益的最大化。在这方面，现代科技进步不仅为文化资源的多样化开发提供了多种科学技术手段，而且在文化产品和服务的生产、制作和营销中越来越发挥着重要作用。文化产业的发展必须将文化与现代科技紧密结合起来，尽可能将文化资源的价值用多种产业形式展示出来。

---

① 张晓明，王家新，章建刚. 中国文化产业发展报告（2012—2013）[R]. 北京：社会科学文献出版社，2013.
② 马黎明. 基于历史文化资源优势的文化产业发展目标与重点[J]. 齐鲁学刊，2015（4）：97.

第二章

区域文化资源产业化存在的问题

通过对各地文化产业发展规划制定的实地调研、讨论与政策落实的追踪随访，发现区域文化资源产业化存在一些问题，现归纳为：区域文化管理体制与经济体制问题、区域历史文化资源问题、区域文化产品问题和区域文化市场问题共四个方面。①

第一节 区域文化管理体制与经济体制问题

一、宏观文化管理体制与经济管理体制的约束②

1. 文化投资限制。

文化企业很多是创业型企业，需要天使投资等支持，但是由于文

---

① 向勇，喻文益. 区域文化产业政策设计的风险分析与防范 [J]. 中国行政管理，2007（10）：58-61.
② 张晓明，等. 改革推动文化产业快速发展 [N]. 经济参考报，2005-02-19.

化产品很多属于轻资产，很难进行评估，造成投资人不愿进入，限制了企业的发展。

2. 金融不支持。

由于区域文化企业没有核心文化产品的支撑，投资风险大，很多金融机构不敢试水。

3. 优惠政策无优势。

和很多开发区不同的是，文化产业园区由于投资大，未来收益不明显，地区出台的政策都比较保守，没有明显的政策红利。

二、地方文化发展政策与管理体制问题

1. 文化产业发展理念滞后。

把文化产业等同于"假大空"，还是停留在举全力发展重资产的思维上。

2. 文化发展施政方略不明朗。

作为地方领导，施政方略不清晰，朝令夕改，无顶层设计思维。

3. 文化发展多头领导。

宣传、文旅、广电、网信多部门管理，让执行部门无法推进。

4. 文化产业规划的长官意志与决策失误。

文化产业在我国推进较晚，很多地方领导不搞市场调研，用想当然思路做决策，造成决策频频失误。

5. 行政政策的连续性问题。

地方领导更迭很快，新官不理旧账思想严重，一些政策出台即夭

折,无连续性推进可能,损失严重。

6. 文化产业领导干部储备不足。

文化产业的回报周期较长,短期看不到政绩,很多干部不愿意转型,懂专业又懂管理的文化产业干部严重不足。

第二节 区域历史文化资源问题

一、资源稀缺性问题

1. 缺全国知名的自然胜景。

很多地域并没有自然胜景,于是通过人文创想,生僻堆造出一些没有任何历史积淀的人造景观,既不叫好也不叫座。

2. 缺具有国际影响的文化名人。

有几个相隔甚远的地方都在争夺一个历史名人的资源就是很荒唐的事,毕竟优质名人资源是稀缺产品。

3. 文化资源比价偏低。

有些区域虽然有文化资源,可它的挖掘和宣推成本很高,有点得不偿失。

4. 稀缺资源利用率低。

由于缺乏文化产业项目的运营高手,即便当地有稀缺文化资源,但依然利用率很低。

5. 破坏性扩大化生产致使资源无法二次或多次利用。

一个好的点子和创意在还没有得到充分利用的情况下就盲目扩张，最后可能让优质资源无法再生和复制。

二、资源观赏性问题[①]

1. 证据型文化资源少。

真正找到依据清晰的文化资源越来越难，很多文化资源都是自欺欺人，所以经不起市场的检验。

2. 区域文化资源配置不经济。

区域文化资源运营成本大，配置投入大，经济效益回报晚。

3. 区域文化资源与现代观赏心理有"代沟"。

由于创意团队的市场敏锐度不高、创意老化，以致推出的文化产品不受年轻人喜爱。

第三节 区域文化产品问题

一、区域文化产品的共性问题

1. 销路不畅。

由于对受众分析不准确、宣推渠道不畅通，造成销路不畅，产品

---

① 陈泰锋. 后 WTO 过渡期我国文化产业化的内涵及其战略选择[J]. 上海对外贸易学院学报，2005（2）.

严重滞销。

2. 市场衰退期。

文化创意产品千篇一律，文旅受众审美疲劳，购买欲望不高，市场处于衰退期。

3. 外部支持不力。

对文化产品的消费，包括核心消费和外围消费，对产品的投资也有政府投资和外围投资，由于缺乏核心产品和团队，直接造成外部支持力量偏弱。

4. 定价问题。

不做市场调研，闭门造车，定价偏高，消费能力疲软。

5. 生产规模不经济问题。

由于文化创意产品属于千人千面的独特产品，生产无法流水线化，因此生产规模受人力等影响，投入产出不成正比。

6. 生产投资不足问题。

投资过大，收益偏缓，造成投资无法到位。

二、服务型文化产品问题

1. 研发与创新能力不足。

研发成本高，缺乏优秀的创意团队，创新能力严重不足。

2. 缺少品牌与精品。

无品牌塑造意识，无品牌推广团队，开发不出能让受众很快记得住的精品。

3. 高附加价值产品开发不足。

文化产品是附加值很高的产品，这需要团队在创意上下功夫，否则是花钱挣一声吆喝。

4. 区位劣势。

区域过于偏远，交通不方便，区位劣势明显。

三、现代文化产品生产问题

1. 一般文化产品制造不发达。

一般性文化产品的开发无法成规模，制造能力偏低。

2. 现代高端文化制造业不发达。

高水平的现代文化制造业水平明显偏低，无法开发出优质产品。

3. 传统文化产品制造业基础差。

非遗传人逐年减少，造成传统文化产品的制造基础跟不上。

4. 文化艺术品"工业化生产"能力差。

有些文化艺术品是可以通过工业化、流水线作业完成的，但制造机器投入不小，让很多区域望而生畏。

第四节 区域文化市场

一、区域文化市场的基础性问题①

1. 市场地位较低。

由于文化产品和生活用品不同,不属于刚需,如果产品创意不够,宣推力度缺失,就会造成市场占有率偏低。

2. 文化市场割裂。

文化产品的生产与市场的对接不够,产品和市场严重割裂。

3. 文化经营"帅才"短缺,文化商业经营理念落后。

文化产品的营销管理人才短缺,优秀的经营管理人才不愿意加入,很多文化产业园区是临时培养、矮中求高。

4. 产业信息不畅。

受区域的影响,有价值的产业信息来源不畅通,造成信息不对称,有用的信息缺乏。

5. 受人口与经济发展水平限制,文化产品购买力不足。

受区域人口总量以及消费能力的限制,造成受众购买力偏低。

6. 文化市场发展不全面。

文化市场开拓不够,消费群体培育不完善,文化市场发展不全面。

---

① 康小明,向勇. 产业集群与文化产业竞争力的提升 [J]. 北京大学学报,2005 (2).

二、区域文化市场环境营造问题

1. 法治不健全。

文化产业的立法刚刚起步,文化执法部门管理不精准,相关专业法律团队欠缺。

2. "文化感觉"不良。

文化感觉缺失,让很多文创产品缺乏竞争力。

3. 文化中介市场不活跃。

文化中介市场不健全,市场活跃度不高。

三、个别文化产品的区域市场制约

1. 文化艺术品市场发育不良。

文化艺术品的市场培育不到位。

2. 演艺市场不发达。

演艺市场缺乏竞争产品。

3. 文化旅游市场不发达。

文化旅游市场缺乏精品路线的设计,缺乏宣推文案。

第三章

区域文化资源产业化发展的挑战

第一节 缺乏管理经验丰富的组织系统

在区域文化事业与文化产业规划及具体文化项目的管理政策上，建立何种形式的组织是文化政策制定工作中经常遇到的问题，组织的失败将直接导致全局性的损失。文化政策制定的组织风险主要包括：

1. 组织目标定位失准；

2. 组织的约束力与控制能力不强，不能保证组织目标的实现；

3. 组织结构与功能设计不配套，组织结构间的逻辑路径混乱，组织目标实现的促进机制与障碍清除机制设计不协调，甚至互相矛盾，领导、指挥、协调机制不健全或是错乱；

4. 创意者凭空捏造了一个组织，而现实条件与资源并不支持；

5. 没有为环境的变化留出足够的空间，组织的刚性太大，抗风险的能力太弱；

6. 组织生存与发展配置的资源不充分，组织无法进行可持续性发展；

7. 组织文化创意风险，创意在很大程度上是文化的宣传与宣讲，所谓文化创意指的是改造旧文化与缔造新文化的思想与行动，组织文化的改造与再创造并不能轻而易举地成功。

第二节　缺乏人力资源管理政策

目前，区域文化产业发展普遍存在产业领军人员缺乏、艺术创意缺乏竞争力等方面的问题，于是各地纷纷出台吸引延聘文化专才的政策，希望通过人力资源管理政策的变革带来文化产业的飞跃。但是，必须指出的是，变革政策也是要冒风险的，如选人与人才延聘的失误、岗位变革导致的管理失当、新的制度缺陷导致的劳动生产率低下、新旧制度衔接不畅导致奖惩措施不得力等。① 别出心裁地招聘人才固然可以为产业发展带来活力，但是从事实上的结果来看，能够融合并且产生效益的可信任与可胜任的人才并不多见，人事制度改革与其他产业发展要素的充实往往并不配套，人事改革的成功率并不高。②

---

① 祁述裕. 中国和欧盟国家文化体制、文化政策比较分析 [J]. 中国特色社会主义研究, 2005 (2).
② 江苏省人民政府. 关于加快文化大省建设若干经济政策的意见 [Z]. 苏政发 (2001) 74 号, 2001.5.

第三节　新产品开发与新技术运用的定位风险

新产品、新技术开发政策设计错误可以直接导致经济损失与人力资本的损失。新产品开发属于高风险创意，技术的阶段性直至全局性的失败的比例并不低。[①] 因此，新技术创意的风险必须进行充分的事前防范。新产品开发与新技术运用创意方面的风险主要包括：

1. 技术路线选择错误。如图文电视的开发只考虑到传统电视带宽资源的节约而没有注意到新技术带来的频率资源与多媒体网络资源的急剧拓展而逐渐失去其使用价值。技术路线选择错误还包括设备选型错误，如广电设备选型的错误导致进口的昂贵设备设施过早淘汰等。

2. 新技术与市场的脱节。即便是符合主流的新技术，如果因为应用的领域或附载的内容缺乏市场依据，同样可以导致经营上的失败，大量网站经营的失败正是如此。

第四节　资金支持方面的风险

区域文化产业发展离不开资金的投入。孤立的政策是没有生命力的，没有资金保障措施的政策不是好政策。如果文化产业发展政策的

[①] 浙江省人民政府. 浙江省建设文化大省纲要（2020）［Z］.

设计不充分考虑本地的投融资能力,或者是缺乏可靠的投融资策略,其结果都将是纸上谈兵。区域文化产业政策设计方面源自资金支持方面的风险包括:国家文化产业投资政策的限制与变化;财政的投入不足;社会资金投入的相对滞后;文化消费的滞后导致文化企业难以为继;其他行业的兴起导致文化产业领域资金的净流出加速。

第四章

区域文化资源产业化发展的重大趋势

第一节 文化生产方式的科技化与民族化趋势

随着科技的巨大进步与消费需求市场的发展，文化产业发展在未来十年中，产品生产方式必将出现科技引领和民族传统手工化的重大发展趋势。科技化就是在文化产品的生产方式上必将以充分利用现代科技手段，吸纳各种高科技，运用于文化产品的生产上，使文化产业发展成为一个新兴的科技化产业。只有这样的产品，才能赢得市场竞争的优势。如新兴移动终端载体的出现，3D、4D 的技术表现手段，电视、手机、网络三网合一工程的实施，无不体现科技引领文化发展的重大趋势。同时，随着国际市场的进一步开发，文化消费需求的多样化，以民族传统手工技艺为主要生产方式的文化产品生产，成为国际化市场中最具特色的产品，也真正能成为具有竞争力的文化商品。科技化与民族传统工艺化的两极生产方式是未来中国文化产品生产和文化产业发展的重大发展趋向。①

第二节　文化资源继续整合转化为文化项目的趋势

一、中国是一个文化资源大国，有取之不尽、用之不竭的五千年文化资源宝库，但目前尚未很好地开发，并转化为具有国际影响力的文化产品，故而，我们还不是一个文化强国。韩国在运用传统儒家文化，转化成优秀电视剧、电影和文化软实力方面积累了一定经验，值得我们借鉴。因此，我们必将大力开发悠久的历史文化资源，必将一部分可经营性的文化资源转化为具有中国民族文化特色的文化产业项目，将有力支撑文化大发展大繁荣，这将成为一个重大趋势。应当引起注意的是，当文化资源向文化项目转化的时候，一方面要避免对文化资源的盲目开发，另一方面要避免过度开发，并应在保护民族文化传统的同时注意国家文化安全。②

二、在文化资源整合成文化项目的同时，将呈现文化内容的创意与整合。文化产业相当一部分属于内容产业形态，其业态和业绩主要靠内容的创意与整合。因此，实现创意与文化内容的深度开掘、从注意力走向影响力，将成为文化和文化产业大发展的重大趋势。同时，随着5G技术广泛的使用，数字内容将成为文化内容创意与整合的有

---

① 雷鸣，思雨. 论中国文化产业发展的重大趋势及政策创新方向 [J]. 未来与发展，2012（7）：52.
② 中国共产党第十七届中央委员会第六次全体会议. 中共中央关于深化文化体制改革推动社会主义文化大发展大繁荣若干重大问题的决定 [N]. 人民日报，2011-10-26.

力平台。

第三节 接受模式的创新引发版权革命的重大趋势

网络、数字新媒体的出现改变了人们接触文化的形式。传统的接受文化的模式发生了巨大变化,甚至会导致未来对文化概念的定义出现变化。目前,很多传统的文化活动不被年轻人所理解。比如,音乐销量的下降,不是因为金融危机的影响,而是人们特别是年轻一代接触音乐的方式发生了变化。由于科技的发展,很多传统的文化产业的表现形式都发生了巨大变化,从而导致文化接触方式的不同,进而导致版权革命。从技术角度而言,是数字化手段引起的;但是从社会发展而言,这是文化产业发展的重要拐点。① 版权革命,不仅仅是技术革命,更应该是人们对传统文化接触方式的革命。如何通过新的技术方式展示传统的文化,如何让传统文化不被技术的优越所埋没,特别是如何破除技术至上的论调,让传统的文化方式能与新式的技术形式同步前进,在技术与传统之间保持平衡,这是中国文化产业下一个十年发展的重大趋势。

---

① 任仲平. 文化强国的"中国道路"——论推动社会主义文化大发展大繁荣 [N]. 人民日报, 2011-10-15.

第四节　事改企下职能转移的培育主体市场的重大趋势

文化产业的发展最终将归根到市场的本源。随着文化体制的深入开展，传统事业单位转制后其职能范围发生了巨大变化。在改革中，政府曾经承担的诸如政策咨询、行政审批等职能需要陆续剥离，进而成为完全意义上的企业主体。在这一转变过程中，如何进行新单位的职能定位、转制单位与主管部门的权限划分、公益性服务与行政监管之间如何协调等，成为文化体制改革视阈下事业单位转制中不得不面临的重要问题，也是政府主管部门进行职能转变的重要环节之一。

第三篇 03
比较研究:国内外文化资源产业化的经验启示

<<< 第三篇 比较研究：国内外文化资源产业化的经验启示

第一章

国外区域文化资源产业化转换研究

第一节 英国的成功借鉴

英国由于历史悠久、文化资源相对丰富，通过对本国的自然资源和历史文化资源进行合理开发整合及市场化运作，打造出了自己的文化品牌，从而形成了具有地域特色的产业文化，如王室文化、博物馆文化、生态旅游文化、表演艺术文化等。[①]

一、英国文化产业的基本状况

英国由于历史悠久、文化资源相对丰富，通过对本国的自然资源和历史文化资源进行合理开发整合及市场化运作，打造出了自己的文

---

① 陈美华，陈东有. 英国文化产业发展的成功经验及对中国的启示 [J]. 南昌大学学报（社科版），201（9）：65.

化品牌，从而形成了具有地域特色的产业文化，如王室文化、博物馆文化、生态旅游文化、表演艺术文化等。

1. 公益性为主的博物馆文化产业

博物馆是英国文化产业的基础结构。英国博物馆总共有2500多家，其中获官方认证的有1860家，国家级博物馆有28家。英国是世界上博物馆密度最大、质量最高、历史最悠久、体系最健全的国家。英国为数众多的博物馆和美术馆所珍藏、展示的各种各样文物，成为人们了解世界古今艺术、文化和历史知识的一个举世罕见的宝库。英国主要博物馆和展览馆的年营业额超过90亿英镑，基本上英国经济活动中每1000英镑里面就有1英镑直接与博物馆、展览馆有关。而这些博物馆和展览馆每年的支出又达65亿英镑。43%的英国人至少每年要去一次博物馆或展览馆。加上境外游客，英国主要博物馆和展览馆的年访问量高达4200万人次，而英国的人口不到6100万。[①]

位于伦敦的大英博物馆是世界上历史最悠久、规模最宏伟、收藏文物数量最多的综合性博物馆。它和纽约的大都市艺术博物馆、巴黎的卢浮宫同列为世界三大博物馆。它收藏了世界各地的许多文物和图书珍品，对外展示的数千件珍贵文物中，还包括来自古埃及、古亚述王国和古希腊的艺术珍品，是一个不折不扣的艺术宝库。大英博物馆藏品之丰富、种类之繁为全世界博物馆所罕见。整个建筑气魄雄伟，蔚为壮观。[②] 同时，大英博物馆还举办各种专题展览和展示，并提供

---

① 刘水. 欧洲文化产业系列研究——英国国家博物馆董事会专访 [J]. 经济研究导刊，2009 (10)，70.

② 周建平. 英国文化产业发展模式透视 [J]. 广东艺术，2002 (1)：62.

各种类型的参观向导服务。

2. 市场性为主的文化旅游产业

英国旅游业收入占世界第五位,仅次于美国、西班牙、法国和意大利。旅游业是英国最重要的经济部门之一,产值占国内生产总值的5%,从业人员约210万。2010年游客达2959万人次,收入达167亿英镑,约合270亿美元。君主立宪制的英国,到目前仍保持着特有的王室文化,每年都会吸引来自世界各地的观光客,也因此为英国旅游业带来每年5亿英镑的外汇收入。随着2012年英国女王伊丽莎白二世登基60周年庆典的到来,英国掀起了新一波的王室热。旅游专家认为,这将会吸引更多观光客来英国旅游,观光旅游产业产值预计会提高到1330亿英镑。位于英格兰中部埃文河畔的斯特拉福特小镇是当今英国著名的旅游胜地之一,除了优美环境,这里还是著名文豪莎士比亚的故乡。当地政府充分利用了这一文化资源,高起点、高水平、大投入、大规模地策划与建设;从外环境配套建设,到旅游设施的完善,建设田园式古朴小城镇,恢复历史风貌,将其作为国家级文化产业项目进行了全方位的延伸性开发。莎士比亚的故居被开辟为一座纪念馆,同时建设相关配套设施,如以莎士比亚名字命名的皇家歌剧院、博物馆、图书馆、纪念塔等。这个小镇处处都渗透着"莎士比亚"这一文化主题,形成了它独特的"文化名片"。① 苏格兰的尼斯湖水怪是全球最著名的传说之一,每年都吸引着世界各地的大量游客到尼斯湖旅游,希望能一睹水怪真面目。当地政府为增添神秘气氛,花费巨资

---

① Alyson Gagne. Shakespeare's Stratford, upon, Avon [EB/OL]. http://tntonline.co.uk/travel/destinations/Europe/england.

修建一座水怪博物馆，以满足人们的好奇心理，成功地开发了当地的旅游业。距伦敦100千米的牛津，不但成为大学城，而且成为世界著名的旅游城市。牛津大学创立于1168年，是英国历史最悠久的大学，英国历史上41位首相中有30位毕业于牛津大学。英国政府借助名校品牌，深度开发其文化旅游资源，抓住游客都想到此领略一番世界名校的风范、崇尚、敬仰学术殿堂的心理，发展品位独特的风光旅游点。从源源不断的游客来看，此举非常成功。① 此外，英国政府还打造了艺术表演文化旅游以及摇滚乐旅游等，都为英国带来了巨大的经济效益。

3. 公益性与市场性相结合的表演艺术产业

根据英国文化部对文化产业的分类，表演艺术门类中的芭蕾舞、现代舞、歌剧、话剧和音乐剧构成英国的表演艺术产业（英国政府将交响乐、现场音乐会划归音乐产业类）。该产业的核心商业活动是作品创作、节目制作、演出、巡回演出、道具设计及生产和灯光；相关产业包括电视、广播、设计、音乐、电影、出版和特技效果；相关的商业活动还有旅游和餐饮业。表演艺术业的产业结构多样化，形成大型商业公司和完全依靠公共或私人经费生存的小型团体共存的局面。大型商业公司分别在产品的制作、包装、发行等环节发挥其专业性经营的作用。英国表演艺术产业的发展首先得益于政府的经费支持，据英国政府公布的资料，1998—2001年间，政府对该行业陆续注入1.25亿英镑的补贴，用于鼓励优秀作品的创作，实施针对开发青少年观众

---

① Alyson Gagne. Shakespeare's Stratford-upon-Avon [EB/OL]. http://tntonline.co.uk/travel/destinations/Europe/england. 64.

群体市场的计划和强化表演艺术教育功能的"人人参与艺术"等计划。从1947年起，英国北部城市苏格兰首府爱丁堡每年夏秋季节都要举行为时3周的著名的爱丁堡国际艺术节。届时，世界各地著名的文化团体和演员、歌星云集于此，爱丁堡变成展示音乐、戏剧、芭蕾、电影等艺术的大舞台，吸引了大批访问者赶赴这一历史名城欣赏艺术表演。此间，在公园、广场搭棚，专业和业余艺术家免费教跳苏格兰民间舞以吸引众多游客。爱丁堡国际艺术节意在突出本地区民族的文化特征，以增进人们对其文化的认同感，推动苏格兰文化的发展。

二、英国文化产业的特点

1. 建立相应的文化产业法律体系，从制度上为文化产业的发展提供了保障。

政府是推动文化创意产业发展的重要力量，有责任营造一个适宜产业发展和企业公平竞争的外部环境。对文化产业而言，知识产权的保护具有特别重要的意义，可以说是产业健康发展的命脉。由此，英国政府制定了一套完整的文化产业政策，出台了一系列相关的法律法规，从法律和制度方面提供强有力的保障。例如，1993年颁布的《彩票法》、1996年颁布新的《广播电视法》以及《著作权法》、《电影法》和《英国艺术组织的喜剧政策》等，从而在制度上确保了文化市场的健康持续繁荣。

2. 合理利用独特的自然与文化资源，打造属于本土的文化品牌。

英国区域文化产业非均衡发展的状况比较突出。从地域来看，英国是由大不列颠岛和爱尔兰岛东北部及附近许多岛屿组成的岛国,分英格兰、威尔士、苏格兰和北爱尔兰4个部分。由于各种有形和无形资源分布的差异性,英国各地区文化产业的发展状况和程度也有差异。如英国首都伦敦以电影节、时装节、设计节、游戏节为基础,发展艺术、演艺、电影、时装、设计、数字传媒、音乐等产业,成为全球"创意城市"的典型。距伦敦100千米的牛津城是著名的大学城,英国借助名校品牌深度开发了文化旅游资源。英格兰西北部利物浦是披头士摇滚乐团的故乡,现在发展成为英国音乐、艺术、博物馆、足球队等文化荟萃的名城,被誉为"创新之城"。苏格兰高原北部大峡谷的尼斯湖,利用水怪神话深度开发文化产业而闻名遐迩。北方之都曼彻斯特虽然在第二次世界大战中受到重创,但通过一系列文化升级策略却保住了往日大城市的地位。① 因此,合理利用独特的自然与文化资源,打造属于本土的文化品牌,有利于推动地区特色文化产业的发展。

3. 营造良好的发展环境,推动文化创意产业的发展。

英国是世界上第一个将文化产业定义为创意产业并提出创意产业政策的国家。1997年5月,英国首相布莱尔为振兴英国经济,提议并推动成立了创意产业特别工作小组。1998年,英国创意产业特别小组首次对创意产业明确定义,将创意产业界定为"源自个人创意、技巧及才华,通过知识产权的开发和运用,具有创造财富和就业潜力的行业"。②

---

① Wynne D. The Culture Industry [M]. Hants: Avebury, Aldershot, 1992.
② RICHARD. The Rise of the Creative Class [M]. New York: Basic Books, 2002.

如英格兰的康沃尔郡、默西塞德郡、南约克郡和威尔士西部等地区，由于区域位置、资源禀赋、文化开发活动等劣势，文化创意产业发展相对落后。1998年英国政府出台了《英国创意产业路径文件》，要求采取措施积极推动各区文化产业的发展。10年间，英国以文化创意产业发达区为核心，迅速带动了周边地区文化产业和相关经济的发展。在英国创意产业形成发展的过程中，在国家一系列政策法规的引导下，地方政府与各种专业性组织开展广泛的合作，积极营造良好的发展环境，为创意企业提供全方位的咨询和服务，从而为创意产业的兴起创造了良好的社会土壤。[1] 英国为创意产业的发展专门组建了跨政府部门的行动小组，重视部门之间的协调沟通，统一调动各部门掌握的有限资金和资源，形成合力，极大地提高了工作效率。目前，英国文化创意产业成为英国第二大产业（仅次于金融服务业）。[2] 据英国文化传媒与体育部发布的《文化与创意2007》报告：在1997—2007年的10年中，文化创意产业在英国GDP中的比例已达到8.5%，平均年增长率为5.3%，是整个经济增长速度的2倍；文化创意产业所创造的外贸总额达115亿英镑，平均年增长率达到10%，占英国海外销售总额的5%；对国民经济的贡献仅次于金融业，并创造了200万个就业岗位。[3] 由此可见，英国政府期望通过创新来增强经济发展的活力，为社会创造就业机会，进一步推动文化产业的发展。

---

[1] 李淑芳. 英国文化创意产业发展模式及启示[J]. 当代传播, 2010 (6): 75.
[2] 韩美群. 当代西方文化产业区域发展模式评析[J]. 国外社会科学, 2009 (6): 112.
[3] 程坚军. 对我国文化创意产业发展及人才培养的思考——以英国文化创意产业发展为例[J]. 中国广播电视学刊, 2010 (7): 63.

4. 注重培养创新型人才,促进创意产业的良性发展。

早在英国创意产业特别工作小组成立之初,英国政府就制定了对文化创意产业发展至关重要的三项政府措施,其中第一项就是为有才能的人士提供培训机会,尤其注重对青少年的艺术教育和创造力培养。政府部门协力培养创意人才,在创意人才培养方面推出了一系列举措,例如,政府实行博物馆、美术馆、艺术馆免费对学生开放。将英国数量众多、馆藏丰富的文化艺术遗产转化为取之不竭的艺术教育资源,让学生从中得到形象生动的艺术教育。英国产业技能委员会在大学为电影、电视和多媒体行业举办为期3年的人才再造工程,为这些行业的人士提供电影摄制、编剧、动画、导演、作曲、录音等10个专门学科上百门学习课程,使影视业66%和多媒体行业24%的从业人员达到研究生水平,有效地提高了这些行业的创新潜能。

第二节 韩国的成功借鉴

韩国的文化产业叫作"内容产业""娱乐和媒体产业",是指在文化和艺术领域中创造出的商品,以及流通产业。它包括影视、音乐唱片、卡通动漫、广播、广告、互联网网络、游戏、杂志新闻出版、书籍出版等含有附加值与增长潜力较高的各个领域。①

---

① 李嘉宁. 韩国文化产业的发展对我国的启示 [J]. 哲学文史研究, 2015 (4): 53.

<<< 第三篇 比较研究:国内外文化资源产业化的经验启示

一、韩国文化产业发展现状

20世纪90年代韩国首先提出"文化立国"战略理念,韩国不再发展单一产业结构,而是大力扶持文化产业。同时,把文化产业确立为21世纪韩国经济的主要产业类型。韩国组建了各种海外宣传平台来宣传文化产品,2012年游戏产业创造出了30多亿美元的出口经济效益,2013年文化产业总值超过4万亿韩元。至今为止,韩国的文化迅速发展,特别是影视剧、动漫、网络游戏、音乐等。①

(一)存在的问题

1. 首先,对文化资产的收益评估人才培养比较滞后。

综观韩国文化界的现状和发展情况,同那些国际先进的、专业院校相比还具有一定的差距,为了更好地培养优秀的、综合性、复合型专业人才,韩国政府已经陆续制定并出台一系列相关的方针政策,而且适当加入了很多文化类学科,但如果想更高层次、更深化发展和振兴韩国文化产业,还面临很多复杂的现象和问题,亟须突破和解决。②

2. 文化产业发展失衡。

众所周知,韩国的文化产业以影视作品、网络游戏等作为典型标志,体现出未来发展的方向,然而需要注意的是,并不是所有产业都获得了骄人的业绩。例如角色产业近年来就呈现逐年下滑的势头。反

---

① 金杰中. 韩流和韩国文化旅游产业 [M]. 韩国:韩国观光公司,2004.
② 郑媛媛. 韩国文化产业存在的问题及对我国的启示 [J]. 文化视野,2012(8):221.

映了文化产业内部的发展极不协调。在韩国，一个显著的特点就是尚未构建出一个完整的著作权保障系统，造成了著作人积极性受限，难以繁荣、扩大文化产业市场，同时也无法顺利地将文化生产同民众消费密切地结合到一起，很难构建一条严密的产业链。

3. 文化遗产资源没有得到有效利用。

韩国是历史悠久的国家，有着丰富文化遗产，但近年来没有得到很好保护和发掘。虽然韩国广大民众体现出较强的民族传统文化意识，政府也不断制定和推出一系列相关的方针政策、法律法规进行有力保护，然而，文化遗产价值的开发还远远不够。

4. 缺乏合理的人力资源结构。

在韩国，虽然具有文化产业里就业人数充足的优势，并且体现出逐年上升的态势，然而，人才资源结构还不尽如人意。主要面临的问题体现在创作团队，也就是体现在人才构思、人才培养以及人才营销等环节中，主力部门的人士数量过少，其他附属平庸岗位却人满为患。

（二）成功经验

1. 坚持"文化立国"坚定不变的国家战略。

韩国制定了以"政府支持、企业投资、民间运作"为框架的"文化立国"坚定不变的国家战略新国策，大力发展文化产业。围绕"文化立国"的国家战略，韩国制定了文化产业发展的五年计划，争取使韩国文化产业在五年内实现其在世界文化产业市场上的占有率达到5%。为了解决当下文化产业的难题，韩国围绕"文化立国"的策略，积极制定了政策,来扶持其文化产业。① 2009 年,韩国政府为了支持影视制作公司的发展,通过多种渠道为影视制作公司投资了 700 亿到 800 亿韩元。此外,韩国政府还为它们提供了适当贷款担保。为了进一步提高影视制作公司的国际竞争力,韩国政府在其影片的宣传和海外推广上给予了极大的支援。除此之外,韩国还在不断寻找能促进经济增长的新文化产业。经过韩国的不断寻找和探索,网络游戏成了战胜国际金融危机的排头兵。②

2. 加大力度建设文化产业,制定合适的国际化营销策略。

2005 年初,韩国总理主持召开了关于"政府对韩流的持续和扩散的支援方案"的专门国务会议。这次会议确定了以民间为主导推进"韩流"、政府为业界展开活动创造条件的发展文化产业的基本原则。会议确定的发展文化产业的具体措施包括:政府建立文化产业型研究生院,培养具备主导文化信息的创造和传播的高级核心人才;重视文化产业基础设施的建设;加强著作权的保护;建立科学的艺术资格证制度,确保演艺人员从业稳定;提供更好的艺术创作环境和条件等。

制定合适的国际化营销策略。韩国政府为韩国民族文化企业的营销提供更好的支持和服务。③ 2009 年,韩国政府在上海成立了游戏援助中心,目标在于将韩国游戏更为便利地、更为广泛地出口到大陆地区。入驻上海游戏援助中心的韩国企业将可得到韩国政府提的一系列优惠,如入驻企业只需负担一定的场地管理费用,就能完全免费使用

---

① 穆宝江. 韩国文化产业发展与中韩文化产业合作 [D]. 长春:吉林大学,2012.
② 南银实. 韩国文化产业发展战略对中国的启示 [D]. 延吉:延边大学,2012.
③ 张建民. 韩国文化产业的发展及启示 [J]. 东北亚论坛,2012 (3):72-74.

场地，享受韩国政府提供的各种法律咨询、广宣等服务。①

3. 注重无形文化财产的保护和传承。

早在 1962 年，韩国就颁布了文化遗产保护法。韩国设立了专门管理无形文化财产的无形文化财产厅。如今，受韩国保护的无形文化共有 100 多个，主要包括韩国传统的假面舞、说唱、拳击、摔跤、韩纸艺术、魔术、礼仪、传统医药和宫廷御膳等。韩国保护和传承无形文化财产的主要措施包括：对每项无形文化财产进行编号管理；对掌握该技艺的艺人进行编号管理，由于无形文化财产大多是由民间艺人采取师傅授徒的方式传承下去的，故为防止无形文化财产的失传，加大了对已步入老年的顶尖级的重要无形文化人才的政策支持及资金支援等措施。②

4. 政府放手，鼓励民间文化组织发展。

文化产业靠的是创造力，创造力可以为产品提供长久不衰的活力。然而创造力都是在一定的自由环境下才滋生出来的。政府对文化产业控制严格，会使得创造力滋生缓慢甚至掐断了创造力的滋生，从而影响文化产业的发展。认识到创造力的重要性，为了不断滋生创造力，韩国政府采取了政府放手的政策，鼓励民间文化组织的发展。其民间文化组织就是协会。韩国的协会都是以"社团法人"的性质而存在，协会运作的方式跟公司的差不多。协会的作用主要有两个：一是韩国通过协会的形式促进本国文化和别国文化的交流；二是通过协会

---

① 李沂霖. 韩国文化产业发展探究 [D]. 长春：吉林大学，2011.
② 秦朝森. 韩国文化产业创意支持模式研究 [D]. 济南：山东大学，2011.

挖掘出具有高巧技艺的文化型新人。当然，值得指出的是韩国对协会的放手也是相对意义上的，只有在协会每年上报给政府的业绩达到相应要求时，才会被准许按照自己的想法继续运作，不然协会将被自动取消。①

（三）韩国文化产业发展战略对我国的启示

1. 确立文化产业发展战略，推行有效的文化产业政策。

韩国文化产业的飞速发展离不开韩国政府的扶持和支持，从1998年开始实施"文化立国"战略之后，相继出台一些有利于文化产业发展的政策例如《文化产业促进法》《21世纪文化产业的设想》等法律法规，使短时间内韩国产业有了稳步发展。同时，韩国政府实施网络游戏资金贷款优惠、税收优惠等政策。我国如果大力发展文化产业，应该推行特色文化产业发展措施、文化保护政策等，为我国文化产业发展提供有利的条件。打造出时代前沿的文化产业链。②

2. 建立健全法律法规，规范文化产业市场。

文化产业的发展需要有法律的保护以确保文化产业公正的交易，维护市场经济健康的发展。我国文化产业应颁布一些法律法规，例如韩国文化产业振兴基本法、文化企业法，为我国文化产业发展护航。③

3. 加大科技创新。

科技的创新发展可以促进社会生产力发展。我国的文化产业一直采用传统的发展模式，与发达国家相比还是有一定的差距。我国应加

---

① 李太福，于慧中. 韩国文化产业发展及其对我国的启示 [J]. 学术交流，2014（2）：201.
② 谢名家. 文化产业的时代审视 [M]. 北京：人民出版社，2002.
③ 孙安民. 文化产业理论与实践 [M]. 北京：北京出版社出版集团，2005.

强文化产业技术的相关研究，加大科技创新，提高技术设备的水平，推动新型文化产业生产与经营模式，建立文化产业战略联盟，加快我国文化产业的发展。

4. 国内发展与国外竞争要结合。

我国人口多，市场大，可开发性强，在一定阶段，国内的市场就能支撑文化产业的发展，然而，当文化产业发展到一定阶段后，仅仅局限于国内市场，将不利于文化产业的发展。这时，走出国内市场，立足于国外市场，同国外竞争，才能得到发展。改革开放以来，我国也逐渐意识到国外市场的重要性，鼓励国内企业走出国门，积极参与国外竞争。"走出去"的我国文化企业在海外取得了一些成绩，但是也遇到了很多困难和失败，企业自身应该多总结经验，国家也应该多提供相应的支持，做到在竞争中提高，在竞争中发展。

5. 应加大法律保障力度。

现今我国关于知识产权的保护还存在诸多问题，这些问题严重制约了我国文化产业创意水平的发展，影响了文化产业的发展。因而，为了加强知识产权的保护，提高创意水平，我国应该从以下方面入手：a. 加强关于知识产权方面知识的宣传，使人们意识到知识产权保护对个人、对文化产业的重要性。b. 完善关于知识产权保护相关法律法规。c. 加大违反知识产权法的处罚力度。

6. 营造多元社会文化环境，积极引导新生文化。

随着世界经济、文化的全球化，新生文化在我国不断出现。我国应积极引导新生文化，应营造多元化社会文化环境，提高人们对新生文化的包容度、认可度和欣赏度。近年来，游戏文化产业发展迅速，由于游戏产业使得很多青少年沉迷其中不能自拔而荒废了学业，因而很多人尤其是很多中老年人认为游戏文化产业是一种不良事物。然而从其本质分析，游戏文化产业是计算机时代的新发展，是符合趋势的新生文化产业，而不仅仅是一种娱乐形式，更不是不良事物。积极引导及规范游戏这种新生文化产业，发挥其娱乐益智性，最终这种新生的文化产业也会在很大程度上促进我国文化产业的发展和国家各方面的进步。

第三节 日本的成功借鉴

日本将发展文化产业定位于立国之高度，这就奠定了思想认识基础，有利于动员更多的社会力量和资源投入其中。重视培育文化产业生长的土壤，采取了增强国民对本国文化的认识，提升生活中的审美与表现，保护与传承传统文化以及推进全民参与感性价值创造等措施。《亚洲门户构想》的提出标志着文化产业新战略的形成，其核心内容可概况为：展示日本的魅力，提升文化力，增强综合国际竞争力，获取经济、外交等利益。该构想强调要建立并促使亚洲各国接受日本的评价以及加大对外宣传日本文化的力度等。①

文化产业的发展不同于其他产业领域，作为产业，其具有经济属性，也需要数字技术等的支持，与科学技术的发展有密切的关系，但

---

① 李海霞.日本文化产业战略思想及其启示［J］.现代日本经济，2010（6）：24.

其本质，却不是物质的或技术性的，而是精神的：它以深厚的文化底蕴为基础，以社会大众对文化的感受为背景，以社会大众的精神文化需求为动力。因此，日本在发展文化产业方面，非常重视培育文化产业生长的土壤，以夯实其发展的社会基础，着力使文化产业的发展从本国传统与现实文化中获取灵感与资源，从社会大众的文化热情、感受和参与中得到鼓励和支持。概括起来，在培育文化产业生长的土壤方面主要采取了以下措施：

（一）增强全体国民对本国文化的认识，营造关心支持文化产业发展的社会氛围。

日本政府和学界认为，为了推进文化产业战略，首要的是日本人自己再认识、再评价日本的魅力。因此，在发展文化产业中，十分强调上至首相大臣，下至平民百姓，不断地深化对日本文化的认识、感受和评价，从而形成展示《日本的魅力》的文化自觉和习惯，并借此推进支持感性价值创造的国民化活动。被称之为《日本的魅力》的是指包括日本人的日常消费方式的生活方式和价值观、审美意识；重视品质的日本人的敏感；支撑传统的文化、仪式、风俗习惯等；他们认为在日本存在历史上培育形成的生活方式、风俗、习惯、传统文化、技艺、工艺等的土壤；日本是一个艺术、设计、内容、文化遗产、包括孕育衣食住等生活方式的文化因素与传统技术交织而成的文化资源大国。日本人自己重新认识和重新评价《日本的魅力》对发展文化产业是十分重要的，因为只有全社会深化对日本文化的认识，才能形成培育关心支持文化产业发展的社会基础和环境。

(二) 提升国民生活中的审美与表现，培育文化产业生长的现实生活土壤。

日本在发展文化产业方面持有一个很重要的观点：文化产业力的源泉来自大众的感性，或者说，大众的感性培育文化产业。① 基于这样的观点，他们认为，支撑日本文化产业的是接受国内外多样文化，经过不断体验的大众审美观和表现力，正是这种审美观和表现力使日本有了各种各样精巧的工业产品和良好的服务，以及现在的大众文化、生活方式等种种繁花硕果。即使在日常生活中，在家里招待客人，参观保存完好的古街，参与传统民俗文化活动，欣赏和服，观赏陶器、漆器等，都是对传统产业、传统文化的支持。文化产业不仅仅只是流行文化，还包括时装、饮食、建筑、日用品、工业制品、服务等广阔的领域。数字化时代这一状况不仅没有改变，而且得到了进一步强化，因为数字化带来的新的表现手法更加深入人们的生活，特别是改变着传统的文化产品由少部分专家生产、大众消费的生产消费模式，呈现出人人都是生产者，人人都是消费者的文化产品生产消费新模式。日本人自身在其日常的生活方式中，享受最先进的内容和感性丰富的生活，热爱文化艺术，重视传统文化和仪式，或者借助最先进的媒体发送自己的创作、表现，进行沟通等，都与展示日本的魅力，发展文化产业有着至关重要的关系。为了培养大众的文化感受力，日本政府和民间团体等采取了很多措施。在日本，不论是大都市，还是小城镇，都建设有很多面向普通民众、与社区人口相适应的各种各样的文化设

---

① 日本文化产业战略：文化产业 http://www.kante.i go.jp/sing i//betten 2010-06-10.

施。日本的美术馆、图书馆、剧场、各种博物馆很多，有政府主办的，也有大学、民间团体甚至私人主办的，政府对其从资金到人员培养等方面给予支持。随着日本经济的快速发展，一些财团和个人爱好者，从世界各地购买了大量的美术艺术珍品，为了让这些美术作品能为尽可能多的观众欣赏，日本对美术品等实施登记制度，使美术作品的持有者与美术馆之间建立起交流制度。此外，日本的美术馆、博物馆等，还十分重视与外国同行之间的交流，组织外国的文物艺术品等到日本举办展览。日本还十分重视促使传统文化与流行文化结合，与人们的日常生活结合，使各种各样的生活方式本身，成为新的魅力、新的展示。这样的许许多多个人的生活方式和日常生活中的行为，构成了提升日本魅力的巨大力量。总而言之，培育文化产业的，是生活中的日本人的审美与表现。为了今后继续开放出赢得世界好评的花朵，必须始终保持悠久历史孕育出的生活方式、风俗、习惯、传统文化和艺术等的土壤的丰润。而要做到这一点，关键是要强化每一个国民应有的生活方式，对从儿童到从事创作活动的人，提高骨干人才的素质；新领域的艺术文化，诸如，花开正艳的动漫等，也需要社会共享。为此，日本政府采取各种措施，引导、促进民众的文化消费。日本的文化消费占家庭消费的30%左右。在日本各大城市，漫画书店比比皆是，24小时便利店内必有漫画书专柜。日本的动画片并不仅仅为儿童打造，而是将各种年龄阶段的观众都作为消费对象，卡通文化已走进每个家庭。日本是世界上报纸发行量和个人订报最多的国家。卡拉OK这一最具群众参与特点的娱乐形式就诞生于日本，其市场规模在日本约为6000亿日元。由于从来没有动摇过重视国民文化意识培育的理念，经过长期的引导和培育，公众的文化意识很强，全社会已经充盈着浓烈的文化氛围。即使这样，于 2002 年 4 月日本又提出了建造一个重视文化的社会构造，实现一个令每个人内心感到充实的社会的口号。①

（三）重视传统文化的保护与传承，扩充地区活力与魅力日本的文化基础。

日本很重视物质的和非物质的文化遗产保护。日本的古建筑与西方国家多石质建筑不同，主要是木质建筑，这一点和我国很类似，保护的难度很大，但日本十分重视对各地富有个性和特色的木质建筑的维护。值得一提的是，日本非常重视地区节庆祭祀等传统文化活动的继承，特别是广泛的群众参与性。政府对各地文化遗产、民间艺术、传统工艺和祭祀活动等的重新挖掘、振兴，通过制定规划、资金帮助、人才培养等给予扶持。通过这些活动，充实地区活力与魅力的国家日本的社会基础。

（四）推进全民参与感性价值创造，营造文化产业人才成长的社会环境。

日本十分重视文化产业人才的培养。其培养的突出特点是，重视人才成长的社会基础，让专门人才脱颖而出于全民参与、感性价值创造活动之中。这体现在：（1）从儿童抓起，在中小学教育中，就十分重视通过开设设计、手工、绘画等课程或组织相关体验、实践活动等方式培养儿童的创作力和感受性；（2）推行终身教育，不仅国家职员、企业职工，即使家庭主妇也在政府的倡导和帮助下通过多种形式

---

① 裴旆. 日本文化产业发展浅析 [J/OL]. http://degawang.blog.163.com/blog/static/79381935200921122, 2009-03-21.

不断学习各种知识，发展业余爱好，参与文化体验活动；(3) 通过政策支持、法律保障等措施，支持各种层面丰富多样的国民感性价值创造活动，推动文化产业的国民化活动。例如，通过为农业这一最古老的产业领域添加创意内容，使农民也成为文化产业的一员；① (4) 建立文化产业学校或在大学等开设培养文化产业人才的专业等，使大众性文化创意活动中涌现出的人才以及在中小学教育中表现出创意兴趣和才能的青年，有条件被培养成长为专门人才；(5) 建立并采取各种措施强化产学合作等体制，② 在市场竞争中锻炼培养人才，特别是支撑内容产业领域的多面人才。

启示：

我国文化产业起步较晚，与日本等发达国家相比差距巨大。中国对海外文化贸易是500%的逆差。因此，在发展文化产业方面，我国需要学习和借鉴先进国家的经验，实施赶超战略，急起直追。③ 从对日本文化产业战略思想的探讨中，我们可以得到一些有益的启示：中国不能停留在世界工厂沾沾自喜，需要未雨绸缪，从产业升级、提升软实力和综合竞争力，实现可持续发展的战略高度重视文化产业的发展；在发展文化产业中不能就产业说产业，而需要从基础做起，不断挖掘和加大对外宣传具有五千年文明的中华文化的力度，为文化产业的发展奠定坚实的文化基础；需要培育文化产业发展的社会土壤，重

---

① 刘平. 日本的创意农业与新农村建设 [J]. 现代日本经济, 2009, (3): 56-64.
② 智瑞芝. 日本产学合作演变及政府的主要措施 [J]. 现代日本经济, 2009, (3): 34-39.
③ 孙丽萍, 赵启正. 中国文化要通过"书"输送给世界 [J/OL]. http://www.sh.xinhuanet.com/content_ 19611590.h tm, 2010-04-24.

视地方、民族、民俗文化的保护与传承,在全社会大力宣传和普及文化产业知识;不仅文化产业要以文化为基础,也要探讨如何为其他传统产业和新兴产业注入文化元素,探索文化与技术共同提升,中国制造的品牌价值的途径,促使中国产品在国际市场获取经济利益和传播中华文化的双重效益。

第四节 澳大利亚的成功借鉴

澳大利亚文化产业的显著特点是:

一是有鲜明的个性特征。澳大利亚人认为:要在世界市场上有竞争力,就必须有鲜明的个性特征,其特征是非常轻松、平易近人,这也是澳大利亚所具有的一种优势。[①]

二是澳大利亚文化是一种年轻且较新的文化。是充满活力,不断演进的文化。

三是澳大利亚文化具有多元性,是许多不同文化的融合。

四是经济与文化的一体性,即文化进入市场,文化进入产业,文化中渗透经济的商品要素,使文化具有经济力,成为社会生产力的一个重要组成部分,如墨尔本每年的赛马,三分钟就能产生上亿澳元的收入,针对澳大利亚文化的特点,政府在大力发展土著文化的同时,还采取了一系列措施。

---

① 黄雄. 澳大利亚文化产业发展的启示与借鉴 [J]. 亚太经济, 2006 (5): 70.

第一,加强对文化的立法管理,制定保护措施,以利国家的安全利益,提高民众的道德品质,如媒体控制权在政府,对违反规定者,政府可到法庭诉讼媒体。

第二,在保护本土文化的同时,政府关心文化产业的市场运作情况,特别在文化产业发展过程中,政府注意引入市场理念,并把市场分给不同部门,各部门根据市场需要制定相关对策,强调部门之间只有协调统一才能起步。①

第三,不断改进文化环境,延长文化生命力,在繁荣发展文化市场中,能始终注意观察人群对文化的变化,根据他们对文化的不同需求,设计文化产品,满足人们的要求。②

启示:

一、强化对文化市场的宏观调控

把文化产业的发展纳入法制管理的轨道,加强对文化产业的立法和执法,要根据社会需求,不断调整优化文化产业的规模和结构,要明确文化产业的产权归属,充分调动经营者的积极性和创造性,要以激发活力,改善服务为重点,进一步深化文化事业单位的改革,以推进经营性文化单位转体改制为重点,着力培养新型文化市场主体,以创新文化管理体制为重点,不断完善文化领域的宏观控制,以调控结构为重点,努力提高文化产业发展的质量和效益,与此同时,要建立相关税务制度,

---

① 柳斌杰.解放和发展文化生产力[J].新华文摘,2006(10).
② 福建省文化厅课题组关于我省文化艺术产业发展的回顾和展望.

用以促进文艺精品的创作生产和规范调节文化产品的有效经营。

二、大力繁荣文化市场

建立健全与现代经济体制相适应的现代文化市场体系，努力发展文化市场，丰富人民群众的精神文化生活，要加强文化产品和要素市场建设，形成全国统一、开放、竞争、有序、健康、繁荣的市场体系，要大力推动集中配送、连锁经营、电子管理的文化产品大流通，形成大市场，以加快资本、产权、人才、信息、技术、专利等文化生产要素市场建设，支持以新技术为支撑的新兴文化产品的市场发育，大力开拓农村市场和国际市场，扩大文化产品的覆盖面，努力提高文化生产经营和文化服务的市场化程度。

三、利用宽松环境融合发展，助力传统文化创新

在全球化趋势下，如今的民间文化遗产已经不可能孤立地存在于狭小的原创地了。一方面，劳动价值的追求和产品商品化使得民间文化遗产必须具备一定的商品性价值，否则就会被大众文化轻易吞噬；另一方面，随着旅游业的日益繁荣，民间文化遗产作为反映一个民族或某个地区文化基因的载体，势必走向旅游市场，只有按照市场的需求对民间文化遗产进行科学的包装和推广，民间文化遗产才能显露出勃勃生机。①

---

① 李昕. 全球化视域下的非物质文化遗产保护［J］. 东岳论丛, 2010（8）：126-128.

因此，如何根据市场需求利用新形式对民间文化遗产进行有效包装和合理推广，成为文化产业要解决的一大问题。原住民艺术家们利用旅游纪念品印发"点画"达到推广其文明的目的，说明利用不拘传统的新型文化载体同样可以达到保留文化因子的目的。

四、拓宽眼界，瞄准方向

体现产业差异化效应。在全球化趋势和多元化背景下，澳大利亚政府在经济生活中帮助发展原住民聚居地（如北领地行政区）的旅游业，不仅促进了当地经济增长，① 也使原住居民的生活得到更有效的保障，更让全世界的旅游者领略了原住民文化的独特魅力，从而达到有效保护原住民文化的最终目的。② 这种发展区别于欧美国家原住民文化的政策，体现了澳大利亚政府差异化经营文化产业的思路。澳大利亚通过实施差异化战略，创造和培育自身独特的细分市场，并在细分市场上形成独具一格的入口，从而取得细分市场上较高的市场占有率，获取细分市场带来的利润。这种策略既避开了与竞争对手的正面交锋，又充分发挥了原住民文化自身的优势，以差异化经营实现生存和发展。

五、完善行业管理和文化经济政策，培育新型文化业态

在完善产业管理和文化经济政策方面，澳大利亚文化产业的管理

---

① 阮西湖. 澳大利亚联邦政府对土著居民的政策 [J]. 民族研究, 1987（4）: 32-38.
② 冯长, 刘振东. 我国文化创意产业发展路径研究——澳大利亚的经验借鉴 [J]. 改革与战略, 2017（7）: 201-203, 210.

模式可以给新区政府拓展新思路：自 20 世纪 70 年代起，澳大利亚政府成立了澳大利亚理事会（Australia Council）对文化产业进行管理。理事会直属于内阁，负责管理改善文化发展环境，应对国际文化竞争，为国民提供更多参与艺术和文化活动的机会，并为政府相关政策提供咨询。① 该理事会下设艺术资金部、艺术组织部以及艺术发展部，分别负责资金发放、活动筹划组织和前景规划等。系统和完善地支持文化产业发展的政策理念、政策结构和政策支持方式，形成了整体而非分散的政策着力点，政策之间彼此得以衔接，有效避免了政府财政性资金在管理使用过程中可能存在的体制性和机制性障碍，从而有效发挥了资金使用效益。②

六、形象资源，文化产业发展的无价资产

维多利亚州一直被认为是澳大利亚的文化之州，而墨尔本则被认为是澳大利亚的文化之都。这种形象的获得，不仅因为墨尔本是澳大利亚许多重要文化活动的诞生地，还因为它拥有一批在国内和国际享有盛誉的艺术文化组织，澳大利亚的电影业、印象派艺术家和现代艺术运动也都诞生于此。为了推动文化产业的发展，近年来，该州一方面通过公共文化设施的建设和改造，强化人们对文化之都的印象；另一方面，通过文化活动的策划和实施，营造浓厚的文化氛围，突出与

---

① Australian Strategic Directions. Australia council for，the arts［EB/OL］.［2015-07-15］. http：//www.doc88.com/p-629276326474.html.
② 王静. 澳大利亚文化产业发展对天津滨海新区的启示与借鉴［J］. 沈阳工业大学学报（社会科学版），2020（2）：89.

其他城市不同的文化特色，丰富城市的文化形象。1999年以来，墨尔本修建和改建了当代艺术中心、墨尔本博物馆、州立图书馆、澳大利亚移动图像中心、国立画廊澳大利亚馆和国际馆、音乐碗等大型的文化设施，发展和改善了地区和乡村的文化中心，改善了表演中心、公共画廊、社区文化设施和电影院等。这些公共文化基础设施投入使用后，一系列持续不断的文化艺术活动使这些地方成为人们在墨尔本和维多利亚州体验丰富多彩的文化艺术活动的好去处。表演艺术、视觉艺术、社区文化活动、电影、电视、新媒体、文学、博物馆、画廊、图书馆、历史文化遗产等实实在在地营造了墨尔本浓厚的文化氛围。①

第五节 美国的成功借鉴

一、文化产业投融资机制完善

美国文化产业投融资机制具有体制健全、主体多元、方式多样等特点，不断创新的金融制度也为其文化产业的持续发展提供了充足的资金保障。美国政府对文化产业的支持主要集中在公益性较强的领域，如博物馆、公益性艺术项目等，并且不会超过其总投资的25%，其余资金则主要采用主体多元、混合投资的模式筹得，如具有国际水准的新美术馆，它的建造资金大部分都来自美国运通基金、诺顿基金

---

① 索晓霞，王非. 澳大利亚文化产业发展理念——以维多利亚州为例 [J]. 贵州社会科学, 2006 (9)：98.

以及富有的单位个人等。再有，美国金融机构对文化产业的融资方式主要有股权融资、优先级债务贷款及发行 AAA 级债券等。①

二、文化产业人力资本雄厚

从国内来看，美国已经建立起了完善的文化产业人才培养体系，据统计，至 2009 年底，全美已有 40 多所大专院校开设了与文化产业发展相关的学科、专业，培养了一大批具有专业素质的文化产业人才。② 以游戏产业为例，伦斯理工学院开设了一系列游戏、动画等专业的课程，华盛顿大学开设了游戏设计专业，宾夕法尼亚大学甚至开设了游戏图形设计研究生课程。从国际上来看，美国为那些具备优良素质的外来人才提供各种宽松的外部环境。③ 如美国《移民法》明确规定："移民对象第一优先为具有特殊才能、杰出研究人员及著名教授、跨国企业的高级管理人员；第二优先为具有高学位、具有特殊专长且能为美国带来实质性收益的人士，或在科技、商业等方面有出众特殊能力的外国人员；第三优先为具有至少两年职业工作经验的技术人员。"这些措施的出台为美国文化产业的持续发展提供了切实有效的基本保障。④

---

① 邓靖. 美国文化产业发展的特点及其启示 [J]. 创新，2012（3）：68.
② 李怀亮，刘悦迪. 文化巨无霸：当代美国文化产业研究 [M]. 广州：广东人民出版社，2005.
③ 孙有中. 美国文化产业 [M]. 北京：外语教学与研究出版社，2007.
④ 范建华. 文化与文化产业发展新论 [M]. 北京：人民出版社，2011.

三、科技手段和文化产品的有机融合

以电影《阿凡达》为例,据统计,到 2010 年底,其在全球的票房已经突破 27 亿美元,跃居全球电影票房史上的第一名,能够取得如此成绩,究其原因,主要在于采用了世界领先的 3D 技术,使得高新科技手段和电影产品有机融合,画面效果形象逼真、生动活泼,进而更好地满足了广大观众的消费需求。

四、产业集群效应优势明显

产业集群理论是 20 世纪 90 年代由美国学者迈克尔·波特提出的,其主要含义是指在某一个特定区域的特定领域,[①] 集聚着一组相互关联的公司、供应商、有关联的产业单元以及专门化的制度和协会,通过这种区域集聚形成有效的市场竞争力,构建出专业化生产集聚洼地,使企业共享区域公共设施、市场环境和外部经济,降低信息和物流成本,形成区域集聚效应、规模效应、外部效应和区域竞争力。[②]以美国"好莱坞"(Hollywood)为例,其不仅是全球音乐、电影产业的中心区域,同时也是全球时尚的代言人,拥有一系列如迪士尼、环球唱片、华纳兄弟等世界级的知名企业,由于"好莱坞"众多文化企业集聚,且地理位置邻近,便能较容易地实行横向结合、纵向分工的

---

① Bielby W X. Creative Industries [J]. American Journal of Economic, 2009, 112 (18).
② 郭金喜. 产业集群模块化选择与策略互动 [J]. 中国软科学, 2006 (4).

发展模式，产生正外部经济性，发挥产业集群效应，进而带动整个地区的文化产业发展。① 进一步来看，资本往复不断地循环积累是文化产业发展的动力所在，即充足的资本为文化产业的进一步发展提供了雄厚的资金支持，反之，文化产业的发展进步又将获得更加丰厚的资本回报。而人力资本的形成与科学技术的应用则是推动文化产业发展的核心所在，文化产业的发展繁荣从本质来看是人力资本和科学技术与文化产品有机结合的产物，是文化产业发展的关键环节。同时，美国文化企业集中布局又是其文化产业发展壮大的基础所在，由于其集中布局，便能突显产业集群效应，进而在降低物流信息成本、公共设施利用以及科学技术共享等方面具有较强的行业竞争能力。②

五、遵循市场规律、追求高额利润的理念

文化产业的本质在于文化市场的市场化和产业化，一旦确立了以市场机制作为调节文化产业发展的标准，那么利润则成为首要的目标。作为一种高智力与高风险并存的新产业形式，与普通商业投资相比，文化产业投资的回报更为巨大。美国的文化产业一直遵循着"高成本，高收益"的投资理念，"利润最大化"永远是他们追求的第一信条。利润最大化的实现是通过依照市场规律办事，通过产品开发、建立全球销售网络等多种手段和方法来实现的。③

---

① Chris Gibson, Lily Kong. Cultural Economy [J]. Human Geography, 2009, 35 (12).
② 曹海峰. 创意产业的经济学意义分析 [J]. 甘肃社会科学, 2007 (2).
③ 李海亭. 美国文化产业发展的经验启示 [J]. 环渤海经济瞭望, 2012 (9)：26.

六、借助经济、科技、政治等优势，面向全球市场的营销战略

美国文化产业一开始就非常明确自己面向全球的定位。在文化产品的生产、销售过程中，美国文化企业充分利用了国际贸易中资金、技术、信息等要素在全球自由流动趋势，在国际文化产业竞争中占得先机。① 同时，借助先进的现代化传媒工具，美国文化商品的传播又跨越了地域和时空的限制，足迹遍布全世界。此外，为保障美国文化商品顺畅输出至世界各国，美国政府在国际贸易谈判中竭力迫使各国向其开放本国文化市场。从全球市场范围看，美国的影视作品已取得绝对优势地位。②

七、多样化的经营盈利模式

由于文化产业发展的高风险性，以大众文化潮流为载体的文化产业，具有时尚性、变动性的特点，文化产业投资在具有高利润的同时，风险也进一步加大。单一经营存在着巨大的风险，这就对文化产业的经营模式提出了更高的要求。③ 在有关文化产业盈利模式的调查中显示，我国的媒介收入主要来自广告，有45%的媒介90%以上依赖广

---

① 张慧娟. "无为而治"的背后——解读美国政府在其文化产业发展中的作用 [J]. 生产力研究，2007（15）.
② Dominick, JosephR. The Dynamics of Mass Communication: Media in the Digital Age 7th ed. Boston: Mcgraw Hill, 2002.
③ Johnston D. H. ed. Encyclopedia of International Media and Communication. San Diego: Academic Press, 2003.

告。而美国媒介的广告收入则不超过50%，更多的收入来自多元化经营。如美国平面媒体盈利来源于报纸销售、广告收入、信息附加值，还有会议培训收费、跨行业经营等；广播电视盈利来源主要是有线介入收费、附加产品、政府公益性拨款等项目，最后才是广告收入。①

八、以消费者为主体的"消费者为王"营销理念

美国的文化产业非常重视产品的促销工作，这种促销工作不是以生产为核心，而是以文化产品的消费者为核心，树立了一切为了顾客的企业形象。企业以消费者的文化需求为导向，关注顾客价值，特别是对文化的认同，产业的每一个环节都围绕着顾客价值而精心设计、挖掘，激发消费者的购买潜力、引导消费时尚，同顾客建立长久的合作关系。②

对中国的借鉴意义：

中国文化产业虽然以平均20%的年增长率递增，但与美国、日本等文化产业强国相比仍处于发展初期。中国国家统计局2006年发布的文化产业统计数据显示：文化产业当年实现增加值3440亿元，仅占GDP的2.15%。可见，大力发展文化产业成为我国经济发展的内在需要，维护国家文化安全和增强国家综合竞争力的重要手段。因此研究美国文化产业的成功经验对我国的文化产业发展具有现实和真实的

---

① 郭建磊. 对美国文化产业的反观与思考 [J]. 东岳论丛. 2006 (1).
② 蒋宏宾. 美国文化产业的印象与借鉴 [J]. 唯实, 2010 (11).

意义。①

（一）立足于本国国情。

虽然美国文化产业的发展经验值得我们借鉴和学习，但认识本国主体，立足于本国国情是非常重要的。② 美国文化产业的高度发达有其独特的沃土，有些是中国具备的，如广大的市场和较强的消费能力，以及文化底蕴。但有些中国暂时不完备，如完备的政策环境和完善的管理机制，以及全球性的产品定位。③

（二）政府企业共同发展文化产业。

美国政府没有文化部，但美国政府为了其文化产业的发展会邀请金融界、媒体界、娱乐业和文化业的巨头、学者、精英们参加会议，共同为美国的文化业发展制定计划，设计蓝图，为文化业的发展献计献策。④ 政府提供法律保障，大企业财团提供资金支持，各产业保持其个性的同时与其他产业环环相扣，互相促进，形成大的产业链条，都各自发挥自己的优势，形成现在美国跨国实力强大的文化产业。这是我国应该重点学习借鉴的地方。⑤

（三）重视人才培养和教育。

美国是个十分重视科技、教育和人才的国家，它每年从世界各地吸引大量优秀文化艺术人才，为自己的国家注入新鲜血液。文化产业

---

① 李艳美. 美国文化产业发展经验与对中国的借鉴 [J]. 东方企业文化，2013（1）：258.
② 李微. 美国文化产业发展经验探析 [J]. 新闻界，2007（1）.
③ 张佼，王双进，郭军瑞. 我国文化产业研究综述 [J]. 北方经济，2010（1）.
④ 蒋宏宾. 美国文化产业的印象与借鉴 [J]. 社会纵横，2010（11）.
⑤ 张胜冰，马树华，等. 世界文化产业概要 [M]. 云南大学出版社，2006：4.

的发展不仅需要文化人才、演艺人才,还需要文化创意人才、资本运作人才、技术创新人才、市场营销人才、法律人才等。因此我国发展文化产业不仅要引进发达国家经济、科技领域的先进人才,而且要培养出自己的复合型人才,他们既懂经济运营又精通文化精神。这就需要我国重视人才培养,改变传统的人才培养和教育模式。

(四)产业意识高。

早在20世纪20年代,美国就洞察到文化所蕴含的潜在价值创造力,利用科学技术的革新和进步,颁布了一系列政策法令,为文化产业发展创造优越的政策环境。目前,现在美国的文化产品出口每年在700亿美元以上,美国艺术产业规模已达170亿美元,相当于本国汽车业总产值,美国的音像产品仅次于航天航空的第二大出口产品,占国际市场的40%,成为重要的支柱产业。目前美国影视业、图书业、出版业、音乐唱片业已建成庞大的全球销售网络,控制了世界许多国家的销售网络和众多的电影院、出版物机构和连锁店。① 而就中国而言,由于受传统文化和计划经济的影响,人们不同程度地存在着重经济轻文化的思想,还没有把文化产业与经济发展联系起来,认识不到文化产业已经成为国民经济新的增长点,文化的产业意识不强,极大地阻碍着文化产业的发展。

(五)完善市场机制,营造良好的市场环境供其发展。

要本着深化体制改革与调整结构和促进发展相结合的原则,以市场为中心,理顺政府与文化企事业单位关系,政府本着有所为、有所

---

① 孟东方. 美国文化产业的发展经验及启示[J]. 企业文明, 2012 (3): 93.

不为的原则，逐步建立有利于调动文化工作者积极性，推动文化创新的文化管理制度和运行机制。

（六）健全法律保障体系，保障文化产业健康发展。

完善文化产业的相关法律法规，维护文化产品的知识产权不被侵犯。完善融资制度，保障中小文化企业发展的资金链。对现有法规政策要提高其针对性和对现实的适应性，提高执法者素质，通过这些为文化产业的发展塑造良好的法制环境。

（七）加快现代科学技术在文化产品中的运用。

现代科学技术在文化产业的发展中扮演着重要角色。实现文化产业与高新技术的融合，不仅需要文化工作者的努力，还要依靠政府的积极引导。中国文化产业要想在世界文化市场中取得一席之地，需要提高其产品的科技含量，这就要求把一切可能的现代科技成果迅速运用到文化产业发展中。[①]

第六节　法国的成功借鉴

法国曾是印象主义、超现实主义等各种艺术流派的发源地，同时还是电影的发源地。法国的文化旅游业、美食文化业一直稳居世界前列；电影产业近年来有了稳步增长，是欧洲最大和最重要的电影生产

[①] 王京宇，赵云云. 美国文化产业探析及对我国文化产业发展的启示 [J]. 东方企业文化，2013（6）：232.

国；艺术品交易、时尚产业更是长盛不衰。① 据蓝庆新等人的研究结果，法国文化产业的国际综合竞争力指数为 66.47，仅次于美国（71.44），排名世界第二。②

法国文化产业的发展模式就是典型的国家主导型模式。这一模式的特征主要体现在 3 个方面。

一、倡导"文化民主化"

有法国国父之称的戴高乐将军在法国文化部成立的政令中规定："使最大多数的法国人能接触全人类的首先是法国的文化精华；使法国的文化遗产拥有最广泛的群众基础；促进文化艺术创作，繁荣艺术园地。"这就是法国倡导的"文化民主化"。③ 法国历届政府都遵循着这一文化理念和文化政策，把文化作为每个公民所应享有的基本权利来保障，使文化脱离权力的垄断和资本市场的支配，最大限度地营造文化的民主氛围，从而使本国和全人类的文化精华得以推广和普及。

二、强调"国家主导"作用

法国文化产业发展的真正优势，并不在于依靠文化资源，而是在

---

① 方雪梅. 法国文化产业的发展模式及其启示 [J]. 湖南科技大学学报（社会科学版），2015（1）：125.
② 蓝庆新，郑学党. 中国文化产业国际竞争力评价及策略研究——基于 2010 年横截面数据的分析 [J]. 财经问题研究，2012（3）：32-39.
③ 夏国涵. 法国文化产业的国家战略 [J]. 才智，2013（13）：262-263.

于对如何发展文化有其独到的认知和理念。法国历来高度重视文化产业发展，认为在开放的文化市场中，如果政府不进行有效的扶持和干预，本国文化产业将受到很大的冲击，进而逐步导致衰退。在这一理念指导下，国家依靠特有的行政力量，通过制定各种政策和直接投入等手段，大力扶持本国的文化事业和文化产业。即使在欧债危机蔓延时，法国政府对文化的投入不仅不减，反而逐年增加。2008—2011年，法国对文化事业和产业的投入从59亿多欧元增加到75亿欧元，三年大约增长了20%。① 法国文化机构的资金都是由政府财政直接拨款，而非自负盈亏。法国政府对文化设施与文化活动给予高额补贴，例如政府每年都拨出十几亿法郎用于兴建图书馆、博物馆、剧场等文化设施，每年为出版业提供一亿多法郎的资助，甚至连电影制作、发行和影院经营也可获得政府的资助。② 在世界上，很少有国家像法国那样，把文化作为外交的基石。法国在国外建立了一个庞大的文化宣传网络，每年在世界各地举行各种各样的文化活动，从事对外文化宣传的人员和经费一直占外交部总量的1/3以上。③ 为了更好地适应文化的发展，使政府管理文化的效率得到提升，近些年法国文化部对相关机构实施了大规模的改革。从中可以看出，法国政府对新的文化发展趋势具有一定的前瞻性。④

---

① 管宁. 时尚创意铸就的朝阳产业 [J]. 东岳论丛, 2012 (12): 133-138.
② 王海冬. 法国的文化政策及对中国的历史启示 [J]. 上海财经大学学报, 2011 (5): 10-17.
③ 郑能. 法国的软实力建设及其对我国文化建设的启示 [J]. 中共浙江省委党校学报, 2011 (5): 107-113.
④ 许艺璇. 浅析法国文化产业发展的经验与启示 [J]. 青春岁月, 2016 (05): 23-25.

三、重视文化传承，保护文化遗产

为了对排除文化在全球贸易自由的框架以外的使法国文化产业得到保护的方式进行有效的运用，法国在20世纪末形成了"文化例外"和"文化多样性"的保护政策。"文化例外"是一种为了防止本国文化不受到其他国家文化的侵袭而制定的政策。① 另外，法国对其文化遗产的相关保护除了提供政策支撑之外，更重视传承文化遗产，使文化遗产保护得到全面的加强和完善，使其文化元素更加丰富，并在文化传承的道路上运用艺术创意、革新、经济等形式，提供可持续的资金支持，使文化产业政策不断完善，使其文化产业运行机制更加适应数字化时代的发展需求，从而促进法国文化产业更加具有竞争力和影响力。②

四、发展时尚产业，重视创意设计

法国文化产业的发展重视从本国实际情况出发，按照自己的国情和优势选择发展战略，而并不是各行业并驾齐驱。法国文化产业的发展重视在本土文化的基础上，根据其差异化进行发展，即设计附加值较高的奢侈品，使其在高端市场上占领一席之地，重视时尚文化的创新，使法国文化产业形成具有自己优势和特色的文化。如法国奢侈品

---

① 蔡璐. 刍议法国文化产业发展的经验 [J]. 人文探索，农家参谋，2012 (2) 288.
② 闻宣宁. 法国文化产业发展的经验与启示 [J]. 海峡通讯，2012 (12)：66-67.

品牌"百乐",富有"王侯们的水晶"之称,该品牌打造文化产品的过程中重视法国文化资源的利用,重视法国悠久的历史和文化品位的传承,特别是在水晶设计方面,把法国文化浪漫气质和高雅品位融入其中,在设计和时尚领域法国文化是世界领先者,当前法国时尚也已经有350多年的发展历史,在法国经济的发展过程中拥有非常重要的战略性地位,其中高级珠宝、时装、香水等既走在世界前端,形成了具有国际吸引力的产业,并且对如美食、旅游、葡萄酒等行业具有较大的辐射力。大家都熟悉的时尚的米兰时装周、巴黎时装秀等活动,在时尚业中逐渐把巴黎推向了世界性的平台。①

五、法国模式对我国文化产业发展的启示

我国文化产业的起步较晚,与法国及其他发达国家相比,还有很大的差距。目前,我国的文化产业虽已步入了世界文化大国之列,但并不是文化强国。我国文化产业综合竞争力指数仅为42.16,在20个测评国家中排名第13位,处于中下等水平。② 我国文化产业要想得到更好更快的发展,就必须学习、借鉴国外文化产业发展的成功经验,并结合我国的实际国情,探索出一套适合自己的发展模式,开辟出一条有中国社会主义特色的发展道路。③ 法国模式对于我国文化产业的

---

① 周春杰. 发展文化产业刍议 [J]. 戏剧之家,2010 (09): 74-75.
② 蓝庆新,郑学党. 中国文化产业国际竞争力评价及策略研究——基于2010年横截面数据的分析 [J]. 财经问题研究,2012 (3): 32-39.
③ 卢衍鹏. 中国文化软实力话语创新的世界语境、探索实践和独特优势 [J]. 湖南社会科学,2013 (6): 217-219.

<<< 第三篇 比较研究：国内外文化资源产业化的经验启示

发展有几点重要启示。

1. 要高度重视文化产业的特殊性。

法国之所以极力反对文化产品和文化服务的自由贸易，是因为文化产业具有特殊性，发展文化产业的根本并不是单纯的经济问题，而是社会意识形态的问题。现阶段，我国有关文化产业的研究多半限于经济层面的讨论，对于文化产业的特殊性尚未引起足够的重视。① 党的十八大报告指出，"文化是民族的血脉，是人民的精神家园。全面建成小康社会，实现中华民族伟大复兴，必须推进社会主义文化大发展大繁荣，兴起社会主义文化建设新高潮，提高国家文化软实力。"② 概括地讲，软实力即国力。而国力，即以实力为内在规定，并以权利为展开形态。③ 文化的力量来自文化所蕴含的内在精神，文化魅力是国家软实力最重要的组成部分。要提高我国文化的软实力，就必须大力培育和践行社会主义核心价值观，弘扬中华民族的传统美德，进而实现中华民族伟大复兴的中国梦。

2. 要加大对本国文化产业的扶持力度。

要加大对公共文化事业的投入。国家要采取直接拨款的方式，大力兴建博物馆、展览馆、图书馆、体育馆、剧院等基础文化设施，并

---

① 陈孝明，田丰. 融资约束、投资契合与文化产业基金发展模式 [J]. 金融经济学研究，2013（1）：35-45.
② 胡锦涛. 坚定不移沿着中国特色社会主义道路前进为全面建成小康社会而奋斗——在中国共产党第十八次全国代表大会上的报告 [R]. 北京：人民出版社，2012.
③ 刘瑜. 基于软实力塑造的中国文化产业国际发展战略 [J]. 决策咨询，2013（3）：32-36.

对儿童和青少年实行免费开放服务,以增强国民的文化素养。①

要加大对文化遗产的保护力度。对于我国物质和非物质文化遗产,国家应当采取立法和直接投入的手段,对其进行有效的保护,以免遭到人为的破坏。

3. 重视高雅文化的普及。

根据法国文化部的专门法令,需求公众更多地了解各种高雅文化及作品,所以法国文化部制定了"文化协调员"制度,以各种形式的参与互动活动,引导公民欣赏如歌剧、芭蕾舞、交响乐等高雅文化的艺术。所以我国可以吸取这种经验,鼓励艺术团体参加各大剧场和剧院的演出,同时鼓励公众近距离接触高雅文化,使参与高雅艺术较高的门槛得到最大程度的降低。近些年我国已经在建设公共文化服务体系的过程中取得了较大的成效,并和文化产业互相依托,相辅相成。法国普及和宣传高雅的文化艺术,表面上是简单的公益文化,但是还可以间接地通过公民文化素质的提升,进而提升其文化消费水平,对培养和拓展文化市场有重要的推动作用。②

4. 重视不同文化的创新。

法国对文化的创新方面比较重视,并且法国时尚文化产业的活力之所以生生不息,不仅继承了传统悠久的历史,还有不断追求创意文化的功劳。③我国现阶段建设创意文化的步伐相对落后,和现实中自

---

① 胡若痴,武靖州. 支持文化创意产业发展的财政政策研究 [J]. 经济纵横, 2014 (1): 92-95.
② 蔡璐. 当议法国文化产业发展的经验 [J]. 人文探索, 农家参谋, 2012 (2): 288.
③ 管宁. 时尚创意铸就的朝阳产业——法国文化产业的经验与启示 [J]. 东岳论丛, 2012 (12): 133.

主创新的趋势存在较多的不适应，所以我国应该从实际情况出发，重视传统文化的继承和发扬，在世界领域内集思广益，推动不同民族文化达到相互借鉴、交流和融合的目的。①

5. 注重本土文化艺术人才的保护。

面对全球化和外来文化与文化产品的冲击，法国对本国文化人才依靠政策进行大力保护。比如法国电影人拍片，制作成本的五分之一可获国家补助，这部分资金是通过对外国影片收税获取的。② 也就是说，通过收取外国影片的税来补贴扶持本国电影人从事电影拍摄。这样做的目的，是确保法国电影人能够生存下去。再如，国家为保护演艺人才，专门设立了"演员失业救济特殊制度"。演员只需要每年工作548小时（约三个半月），即可享受这种失业金。这个制度虽然不能保证培养更多优秀的艺术家，但能保证艺术家有好的待遇，同时维护了艺术的多样性，这为优秀艺术产品的产生奠定了基础。文化人才是发展文化产业的关键所在。③ 政府除了要大力扶持文化人才，还要营造人才创业和成长的宽松、自由的环境。法国的制度有利于保护本土人才，但也会导致无法应对外来文化竞争的问题。我国应在保护本土人才的同时，提升文化人才的市场应对能力。

6. 注重新媒体运用。

法国虽然深为自身丰富的文化遗产感到自豪，也具有一定文化保

---

① 王绍强. 漫步法国设计：潮流艺术的引领者 [M]. 北京：电子工业出版社，2010：36.

② 陈少峰. 促进民营文化内容企业发展的对策思考 [J]. 福建论坛（人文社会科学版），2012（6）.

③ 侯津瑶. 法国文化产业 [M]. 北京：外语教学与研究出版社，2007：18.

守性，但总体而言，还是十分注重文化创新和网络数字技术的运用。文化部设有专门机构支持数字艺术等新的艺术形式发展，对网络与艺术相结合的项目给予资金支持。同时注重借助网络进行传统文化的数字化和网络传播。[①] 包括卢浮宫、国家电视台和电台、国家图书馆、重要报刊等在内的文化机构和传统媒体，都设立了网站，并开辟各种互动性强的交流活动，观众参与踊跃。法国时尚产业所具有的生生不息的活力，既来自悠久的历史传统和长期培育，也来自对先锋文化、前卫创意的追求。而这事实上也是法国文化的重要特质之一：追求浪漫与时尚。[②]

[①] 向勇，权基永. 国政方向与政策制定：韩国文化产业政策史研究 [J]. 福建论坛（人文社会科学版），2012（8）.

[②] 史蒂芬·基罗. 法国时尚产业给中国上的五堂课 [J]. 加气混凝土，2012（2）.

第二章

国内区域文化资源产业化转换研究

第一节 北京

一、现状

（一）政策供给不断增加。

北京市专门成立了推进全国文化中心建设领导小组，由市委书记蔡奇担任组长，从顶层设计上为文化建设"一盘棋"打下了扎实基础。同时，先后颁布了《北京市"十三五"时期加强全国文化中心建设规划》《北京市推进文化创意和设计服务与相关产业融合发展行动计划（2015-2020年）》等一系列政策，绘制了清晰的产业发展蓝图,提供了良好的政策环境。①

(二)产业支柱作用凸显。

文化部颁布的《文化部"十三五"时期文化产业发展规划》中明确提出,到2020年,"全面提升文化产业发展的质量和效益,文化产业成为国民经济支柱性产业"。北京市文化历史悠久,文化资源丰富,文化市场活跃,文化产业支柱作用凸显。② 统计数据显示,2016年,北京市文化及相关产业实现增加值2105.8亿元,占地区生产总值的8.2%,继续排在全国首位。

(三)产业结构持续优化。

北京市文化创意产业特色鲜明、集聚度高,形成了"两条主线、七大板块"的产业支撑体系,对促进经济转型升级、构建高精尖产业结构发挥了重要作用。2016年,北京文化创意产业实现增加值3581.1亿元,同比增长10.1%,占地区生产总值的14.0%。

二、问题

(一)受新冠肺炎疫情影响,以线下集聚生产、实体场景消费和面对面接触式服务为主要业务形态的部类面临转型挑战。

一是受新冠肺炎疫情影响,相关产业门类的营收下滑非常明显,企业面临生存压力。二是在常态化的防控态势下,如何重启业务尚需时日,如剧院等演出场所虽然允许开放,但是30%的限流以及人员隔离规

---

① 李夏卿. 新时代北京文化产业发展的思考 [J]. 领导科学论坛, 2018 (15): 35.
② 赵东坡. 当前我国文化消费的特征及发展趋势 [J]. 商业时代, 2009 (10).

定让以上座率和观演互动为主的演出市场启动面临极大的现实困境。①

（二）人才优势地位有所动摇。

一是北京市在降低公共卫生高等级应急响应机制中处在全国末位，大量文化专业人才在复工复产后优先选择流向低风险和低响应机制的城市，返京进京身份识别、社区管控和隔离检测等要求再次分流，部分原拟在北京发展的文化人才重新考虑就业空间定位。② 二是文化领域从业人员灵活就业占比较大，主要收入来源于业务开展，缺乏基础工资支持，无法开展业务引发相应群体面临生存窘境。大量人员没有签订固定的用工合同，无正规的挂靠单位，是社会保障覆盖的空白群体，相应的职业保险制度尚未建立完善，失业救济金申领存在困难，抗风险能力差，大量专业人才因为生存压力选择转行，流向非文化产业部类。③ 三是随着新兴科技、新传播渠道和新社交网络的兴起，文化创作门槛有所降低，在客观上形成了文化众创繁荣产业格局的基础，但也在一定程度上更凸显了专业人才的稀缺和头部、精品内容生产能力的不足，大量非专业人才的涌入形成对专业人才的"挤出"效应，同时非文化领域专业人才进入文化领域从事相应业务，也对原处于渠道垄断保护下的文化专业人才形成竞争，如目前很多知识付费的"网红"大咖并非文化专业出身，但却拥有广泛的受众。④

---

① 郭万超，孙博. 北京文化产业的新特征新问题与新思路［J］. 中国国情国力，2020（9）42.
② 北京市统计局，国家统计局北京调查总队. 北京统计年鉴（2017）［M］. 北京：中国统计出版社，2017.
③ 毕小青，王代丽. 文化产业竞争力研究的进展、问题与展望［J］. 技术经济与管理研究，2009（5）.
④ 顾江，胡静. 江苏文化产业发展综合竞争力研究［J］. 江苏社会科学，2008（4）.

（三）优质资源存在外迁和外流现象。

一是出于首都城市核心功能定位考虑，文化装备生产、文化消费终端生产等偏重于文化制造类的产业部类被纳入核心区疏解产业目录，一些以人力集聚为主要特点的部类和产业环节也面临人口外迁需求限制，原有头部企业重新选择成都、杭州等人口资源约束要求相对较低的城市作为企业总部，创意内容开发、底层核心技术研发和高产业增值环节均在京外布局，企业税收贡献也有所转移，北京在地资源面临"空壳化"危机。① 二是客观上北京高企的房租、人才落户限制、子女教育和交通环境问题等城市宜业宜居的基础存在短板。创意人才需要的自主创业、自由创作氛围和相应人群的集聚空间等吸引力都不高，也引发很多优质文化企业在选择是否在京发展方面的顾虑。三是北京市的区域产业联动效应不足，产业链条的区域分工布局不合理，京津冀文化产业一体化联动发展的进展明显落后于长三角、珠三角和大湾区等区域板块，区域内部更多是产业竞争而非产业合作，大量文化企业出于规模效应和上下游产业链协作考虑，选择一体化发展程度较高的区域进行布局。② 四是兄弟省市的政策优惠也导致部分优质企业外流，如目前在互联网文化产业中最具有发展潜力的标杆企业拼多多、小红书等均扎根上海，未来互联网文化竞争主动权或将有所转移。

（四）线上文化发展存在隐忧。

新冠肺炎疫情暴发使得线上文化领域涌现出许多新型业态，但不

---

① 国家统计局社会科技和文化产业统计司，中宣部文化体制改革和发展办公室. 中国文化及相关产业统计年鉴（2017）[M]. 北京：中国统计出版社，2017.
② 梁君，黄慧芳. 中国省级区域文化产业竞争力分析 [J]. 统计与决策，2012（11）.

是所有文化产业都适用于转型线上经营。如作为文化产业核心圈层的演艺产业，线上演出只是拓展手段，并不能作为业内常态化运营的基础渠道。① 一方面演出自身的业态发展要求有一定的观演互动和在场沉浸式体验，线下消费形态具有线上消费所无法替代的获得感；另一方面高品质演出运作主体有较强的版权意识，线上演出对于知识产权的保护力度不足。② 同样，旅游产业也是以空间位移、在场体验和情感交流为主，在线文旅是获客手段或是文旅行业拓展营销渠道的重要方式，但文旅消费的实体性是行业存在的根本。③

（五）发展方向和资金投入有待调整。

一些文化产业门类在疫情期间逆势上扬离不开线上内容、服务和消费的支撑，但总体来看高品质的线上文化产品、服务和内容供给能力还有待提升，如院线电影质量更高，线上发行模式仍有待探索，相关主体难以形成统一的利益共同体。游戏产业面临过度依赖经典游戏持续运营的长尾效应，新的精品爆款游戏开发不足，游戏的持续运营、高附加值内容循环增值开发、品牌价值变现能力、具有行业引领的游戏规则和品类创新能力均有待提升。④ 目前政府资金在文化旅游领域的投资重点在于重大文旅项目、公共服务基础设施、文化消费实体场所和便民服务设施引入等，对于提升行业智慧化、数字化和现代化运营能力的新基建项目投入不足，线上文化消费和内容供给同样存在

---

① 深化金融供给侧结构性改革增强金融服务实体经济能力 [N]. 人民日报，2019-02-24.
② 张曾芳，张龙平. 论文化产业及其运作规律 [J]. 中国社会科学，2002（2）.
③ 莫赛. 浅析皇城相府官宅建筑的传统文化内涵 [J]. 山西建筑，2009，35（7）：43-44.
④ 彭立勋. 文化体制改革与文化产业发展 [M]. 北京：中国社会科学出版社，2003．

"最后一公里"难题。①

(六)订单短缺影响复苏。

在新冠肺炎疫情全球化蔓延的总体态势下,文化产业同样面临供应链断裂和需求端萎缩的问题。新接订单不足成为当前文化企业生产经营面临的头号难题。最初的"输血"政策红利释放期进入尾声,目前的政策重点需要转向提高龙头企业市场活跃度,带动上下游产业共同复苏和拉动中小企业的订单回暖。受疫情影响较大的文化企业必须要进行有效的谋划部署,将业务向线上迁移拓展,在新产品和服务开发上有所着力。

三、建议

支柱产业是一个城市经济发展的基础,产业发展的核心。支柱产业应当能够支撑城市经济发展,彰显城市发展特色。在北京明确"四个中心"的首都功能之后,当前北京既能够大规模发展,又能够实现首都功能的产业已经屈指可数。② 特别是在未来建设世界城市的道路上,北京更加需要坚实的产业支撑,才能成为真正有世界影响力的城市。因此,文化产业既是北京的传统优势产业,也符合北京未来的产业发展方向,更是能够弘扬中华民族文化特色、形成世界影响力的重要行业。北京应充分把握好这一优势和机遇,借力文化产业的发展和

---

① 李亚. 文化产业发展与城市竞争软实力的提升 [J]. 郑州大学学报, 2005 (2).
② 徐李璐邑. 北京文化产业的现状分析与发展建议 [J]. 城市学刊, 2019 (9): 81.

壮大，实现首都功能强大、产业基础深厚、经济发展活跃、世界影响力深远的多重目标，推动北京城市发展走向新高度。① 2018年6月21日北京市政府发布了《关于推进文化创意产业创新发展的意见》，在该意见里，北京首次明确了创意设计、媒体融合、广播影视、出版发行、动漫游戏、演艺娱乐、文博非遗、艺术品交易、文创智库九大文化产业创新发展的领域，为北京未来文化产业的创新发展开启了新希望，值得期待后续进一步给予相关的支持政策，鼓励创新发展。② 北京已经在文化产业的顶层设计上提出了一些统筹指导，但是要真正切实发挥作用，还需要将意见落到实处。对此，建议北京在文化产业发展上，重点着力于以下几个方面：

（一）鼓励创新，加快文化产业融合发展。

文化产业不仅可以独立发展，其更强的生命力在于能够与其他产业融合发展，产生更高的附加值。当前，随着我国居民生活水平的不断提升，大家对于带有文化特色的产品需求也在不断增加，但是目前我国的文化特色产品供给还不能满足需求。③ 除此之外，居民在旅游、娱乐、休闲等活动中，对于文化体验的需求也在不断增加，但目前高质量的文化体验供给并不充足，也导致了文化体验消费市场还有巨大的潜力有待释放。④ 北京拥有良好的文化资源，应尽快鼓励创新，加

---

① 金元浦，王林生. 北京世界城市与国家文化中心建设研究综述［J］. 北京联合大学学报（人文社会科学版），2012，10（4）：48.
② 王一川. 北京文化符号与世界城市软实力建设［J］. 北京社会科学，2011（2）：4-9.
③ 李建盛. 北京：国际国内比较视野中的世界文化中心城市建设［J］. 北京联合大学学报（人文社会科学版），2013，11（3）：71-78.
④ 赵景来. 城市转型发展与文化创意产业研究述略［J］. 学术界，2014（11）：221-228.

快文化产业与其他产业的融合,扩大文化产业的辐射力,提高各个产业的附加值。增强文化产业的融合,既能增加产业特色,也能带动文化产业壮大,是共赢、互惠互利的过程。以旅游为例,当前世界著名的旅游目的地都伴有特色的文化体验,旅游中的体验也越来越成为旅游中的重要环节。北京如果能进一步将文化与旅游产业融合发展,既能增强旅游行业的吸引力,让更多的人来到北京体验到独特的中国文化,也能带动文化核心领域在创意设计、休闲娱乐、内容创作等方面的创新,以旅游消费需求为引导,不断激励文化产业自身发展壮大。[1]

(二)突破局限,创新文化产业发展模式。

过去的文化产业发展更加偏重于文化创意产业园模式,尽管这种模式过去创造了不俗的发展成绩,但从当下来看,发展模式较为单一已经成为制约文化产业发展的重要因素。[2] 文化产业具有多元性和多样化的特征,文化创意产业园模式对于艺术创作、影视制作、创意设计等部分文化创作型的产业有着积极的推动作用,能够促进相关领域的交流和合作,降低运营成本,获得良好的收益,但这种相对独立的文化创作仅仅是文化产业繁荣的一个领域。[3] 对于文化产业来说,要切实实现产业繁荣,相对独立的创作,面向大众普及的文化消费同样重要。文化创作能够源源不断地向大众提供可以消费的文化产品和文化体验,而只有让大众不断地消费文化产品和文化体验才能够为文化

---

[1] 周尚意,姜苗苗,吴莉萍. 北京城区文化产业空间分布特征分析[J]. 北京师范大学学报(社会科学版),2006(6):127-133.
[2] 赵书华,王华强. 北京文化产业发展影响因素的灰色关联分析[J]. 经济论坛,2008(9):15-17.
[3] 张祖群. 基于文化与科技融合的北京文化产业路径研究[J]. 北京理工大学学报(社会科学版),2013,15(4):149-153.

产业提供进一步扩展和增长的动力，不断产生新的文化创新。因此，两者是文化产业繁荣的"两翼"，任何一侧不可偏废。① 对于供大众消费的文化产品和文化体验，因为需要更加便利地接触到普通居民，过去的文化创意产业园模式不再适用，反而需要分散化发展，以居民社区、商业商圈等为落脚点，让广大居民们出门不远就可以接触到较好的文化消费体验。分散式的文化体验中心是实现文化推广和普及的重要方式，应当与集中式的文化创意产业园共同繁荣，才能真正实现文化产业的强大。② 因此，未来在发展文化产业时，除文化创意产业园外，还需要进一步鼓励分散式的文化体验中心建设，才能更好地实现文化产业的繁荣。

（三）激发互动，做好政府与市场的分工合作。

文化产业的一大特点是政府与市场的分工与合作至关重要，因为文化产业中必然有一部分基础文化设施需要政府来负担，而产业的创新和增长部分则可以由市场来提供。③ 政府提供的文化服务是文化产业发展的基础，市场提供的文化服务则是文化产业繁荣的必备。没有政府提供的基础文化服务，市场化的文化服务发展就失去了基本的土壤。然而，政府的力量是有限的，要实现文化产业的繁荣，则必须有市场的力量投入文化，才能不断进行创新。由于对政府和市场的分工不明确，目前北京文化产业发展明显存在政府力量更多、市场力量不

---

① 王文锋. 区域文化产业与城市协调发展的实证分析——以北京市为例 [J]. 北京社会科学，2012（2）：16-22.
② 孔建华. 二十年来北京文化产业发展的历程、经验与启示 [J]. 艺术与投资，2011（2）：78-84.
③ 夏文斌. 文化软实力与北京构建世界城市的战略选择 [J]. 新视野，2010（5）：64-65.

足的情形，导致文化产业还存在创造收入的困境。部分公共文化服务政府希望引入社会资本共同投入，但是公共服务的本质决定了这些项目难以创造收入，只能由政府购买，不仅导致政府负担增加，市场化力量进入文化产业的激励也存在不足。因此，只有进一步明确政府与市场在文化产业发展中的分工，加强互动与合作，才能激发市场化力量进入文化产业，促进文化供给增加，满足文化消费需求，共同创造文化产业繁荣的新高度。[①] 对于政府来说，主要需要做好两方面的工作：一是需要进一步保障公共基本文化服务的投入，如博物馆、图书馆等文化基础设施建设与运营，部分报纸、书籍、展览等基本文化服务供给，这些基本的文化服务是一个社会文明程度和文化水平的体现，其提供的质量和涵盖的范围体现了一个城市或地区基本的文化素养，是需要政府保障的文化产业发展基础；二是要引导好文化产业的市场化发展，对于可供市场化发展的文化产业领域，要给予宽松的营商环境，做好规范和监管，鼓励市场有序、平稳地发展。对于市场来说，要根据当前消费者的需求积极地做出相关产品，提供高质量的文化消费体验。从目前出现的若干文化产品消费事件可以看出，我国的文化消费市场在不断扩大，但很多本土品牌难以提供满足市场需求的产品，反而有很多国外品牌在竭力地填补这一空白。相关企业应注重资源优化、积极做好相关产品，加强市场培育，真正利用好我们的文化资源，满足市场需求。

---

① 黄鹤，唐燕. 文化产业政策对北京城市发展的影响分析 [J]. 国际城市规划，2012，27（3）：70-74.

(四) 完善落户制度，满足行业增长的人才需求。

文化本身是抽象的，文化产业发展离不开人才的不断创新和创造。未来，随着北京文化产业的规模增长，必然会产生更大的人才需求。但是，当前北京已提出 2 300 万常住人口的规模上限，未来将进一步通过户籍、居住证等方式控制常住人口。而根据现行制度，北京的人才引进更偏向于高学历人群，相比于高新科技等行业，文化产业中就业人口的高学历比重较低，严苛的户籍政策将不利于文化产业获得足够的人才供给。因此，建议北京尽快完善积分落户制度，特别是对于文化产业等北京需要大力发展的行业建立适当的政策倾斜，保障相关行业的就业人群建立稳定的工作预期，让他们可以安居乐业。文化产业的创造是以创意作品或艺术成果为最终产出，也是一种非常难能可贵的脑力劳动，相关行业的发展也需要创意设计、市场营销、商业服务等人才辅助。只有在获得了足够人才的基础上，才能够保障相关的行业蓬勃发展。因此，只有进一步优化人才供给，才能保障文化产业拥有长期的发展动力。

第二节　上海

一、现状

（一）在文化产业内容上简单拿来，缺乏创新意识。

目前上海文化产业基本上采用拿来主义，仅借鉴一些西方过时的符号，落后的编码内容，似乎跟着感觉走，缺乏深刻思考整体，缺乏创新性前瞻性自主性，如2010年全国电影故事片，产量为400多部，上海约占10%，但在原创故事片的产量方面却出现了颓势。①

（二）在文化产业结构上呈现去核心化趋势。

上海文化产业内部结构不合理，正在向去核心化边缘化发展。就上海文化产业核心层、外围层及相关层的构成来看，核心层主要包括：新闻服务、出版发行和版权服务、广播电视电影服务以及文化艺术服务，外围层主要指：网络文化服务、文化休闲娱乐服务等，其他文化服务相关层主要包括：文化用品设备及相关文化产品的生产与销售。不难发现上海文化产业核心层的比重在逐年下降，而外围层的比重在上升，在一定程度上制约了上海文化产业核心竞争力的提高。②

（三）国外文化产品占据着上海文化消费市场。

上海在文化产业发展中更多地引进国外的文化产品，如好莱坞电影、百老汇歌剧、日本动漫、韩国电视剧、维也纳音乐会、俄罗斯芭蕾舞，上海虽然以外国的艺术精品丰富了本地文化舞台与市民文化生活，但是却缺少自己的文化精品，近年来类似于《野斑马》《时空之旅》等具有原创性的作品在上海出现得不多，更缺少推向世界的原创文化精品。③

---

① 蒋莉莉. 提升上海文化产业原创力对策分析［J］. 中国集体经济，2011（10）：157.
② 孙佳，黄国安. 基于创意产业集聚区的竞争力影响因素分析［J］. 经济论坛，2007（21）：8.
③ 安延，清左琰. 上海产业遗产改建创意产业园区开发模式探究［J］. 城市建筑，2008（3）：83-86.

(四) 对地区产业结构调整贡献率偏低，产业增速后劲不足。

数据表明：上海文化产业在地区产业结构调整中的地位与西部欠发达地区的云南省大致相同，2003—2009 年上海文化产业占 GDP 的比重不足 6.0%，比重增幅不足 0.25%，2004—2007 年北京的文化创意产业在 GDP 中的比重超过了 10%，2008 年广东省文化产业占地区生产总值分别达到 6.8%。① 尽管从历年上海文化产业总值来看形势比较乐观，但若从发展趋势来看，上海市文化产业发展令人担忧，上海文化产业增长率近年来保持稳定，2019—2020 年文化产业年均增长率是 13.23%，然而北京文化创意产业年均增长 17%，2018—2019 年湖南省文化产业增加值年均增长 25.4%，2018—2019 年云南省文化产业总产值年均增长 23.52%，显然上海文化产业增速显得后继乏力。

二、问题的解决

(一) 尽快确定上海文化发展战略定位。

上海的文化战略定位，要体现上海的特点、长三角区域的立位、全国的地位，并且在亚洲和全球是一个怎样的坐标定位。目前上海缺少一个明确的具象定位，譬如伦敦 2003 年提出城市的文化战略是，"成为世界卓越的创意中心"。上海作为"文化大都市"，特点是什么，目标是什么，在中国和全球的文化品牌形象是什么？需要和上海的全

---

① 周政仇, 向洋. 创意产业集聚区如何形成 [J]. 决策, 2007 (6): 40-41.

面发展一起通盘考虑，并尽快明确一个"喊得出、叫得响"的定位。①

（二）合理规划上海文化产业发展布局。

上海的文化产业布局，在新的文化产业发展规划上，要进行功能区分，错位竞争，互动发展。尤其是在推动文化产业的发展中，区县政府的推动力，是非常重要的，这就更需要打破行政划分的壁垒，进行统筹协调，减少同构纷争。②上海尤其是要把文化产业的发展和公共文化服务设施的建设，在功能规划和产业布局上进行统筹。

（三）率先推进国际文化交易平台建设。

上海是金融中心，又具有市场优势、人才优势、国际通路等，完全有条件搭建平台，促进文化要素在上海积聚发酵，再挥发到全国、全世界，力争成为全国、全球文化产业要素的配置中心。③上海已经成立了版权交易中心、文化产权交易中心等，有了一定的基础。目前面临制度配套不够、启动较慢、交易量小等情况。经过培育和文化产业的大发展，这一块是上海的优势和潜力所在。④

（四）加快构建有利于中小型文化企业发展的投融资环境。

文化产业立足创意和科技，是高风险、高投入、高产出的行业，相比其他行业，具有知识资本比例高、成长培育期长、试错成本高的特点。因此，产业化的瓶颈必然面临融资难的特点。⑤中小企业是创

---

① 马笑虹，孟星，杨旭东，黄忠辉. 如何发展上海文化产业 [J]. 党政论坛，2011 (3)：38.
② 上海市人大代表虹口调研组. 关于上海文化创意产业园区发展瓶颈及对策的调研报告，2011-11.
③ 许正林. 上海文化产业园区类型及发展难点分析 [J]. 声屏世界，2012 (9)：55.
④ 贺培育. 美国文化创意产业园区模式探析 [J]. 文化月刊，2010 (4).
⑤ 赵海建. "英国制造"脱胎换骨创意产业成经济引擎 [N]. 广州日报，2010-07-10.

新力所在，这就更需要政府推动，率先进行制度突破和扶持。譬如动漫，原创可能就是一个人的工作室，几年才能出一个形象或片子，如何扶植这样的原创草根企业，是发掘原创力的关键所在。①

（五）加大保护知识产权力度，促进文化市场和文化产业的良性发展。

知识产权和智力资本是文化产业的新特点。我国因市场经济起步较晚，知识产权保护也相对比较滞后。近十年来，我国已经出台了《著作权法》《音像制品管理条例》《电影管理条例》《营业性演出管理条例》《娱乐市场管理条例》等上百个行政法规。但是，文化产业具有永远不断创新和突破的特点，需要法规的制订也不断修订和与时俱进。② 目前，我国包括上海面临着普遍的市场知识产权的法律意识薄弱、司法对这类案件执法难度大的情况，上海在这方面应该走在前面，从长远看，是有利于文化产业、创意产业发展以及人才积聚的。

（六）加快培养和引进原创人才以及文化产业专业人才。

人才是文化产业发展的根本。除了保证原创人才的培育，上海应该加大对文化产业专业人才譬如经纪人、策划人、策展人等的培养和引进。懂文化的不懂市场，懂市场的不懂文化，两者结合的人才，才是文化产业发展的重要因素。譬如动漫的发展，个体创意和科技创新相融合，结合从作品到产品的制作，再到商品的营销，是一个很长的产业链。③ 目前，个体创意和科技创新，已经有了一些基础，但是，缺少经纪人和经纪人公司从作品到产品的甄选、包装和制作，后期的

---

① （英）迈克·费舍斯通.消费文化与后现代主义［M］.译林出版社，2000.
② 花建.文化产业竞争力［M］.广东人民出版社，2005.
③ 李本乾，等.上海文化产业发展与文化体制改革协同推进研究［J］.科学发展，2010（6）.

播出渠道又是封闭的，因此动漫的发展总是不能发挥出更大的效应。一个产业发展，如果没有品牌产品和品牌公司，如果没有领军人物，没有积聚产业链上的关键性的节点人才，产业无法健康良性发展。①

（七）政府推动与市场配置必须有效结合。

虽然目前各地的文化产业发展都有党委宣传部门及政府相关职能部门管理，但是，文化产业发展，政府和市场都是非常重要的参与者，但是，哪些是政府必须管的，哪些是政府必须放的，哪些是市场负责的，哪些是市场不能承担的，需要双方在产业发展的过程中不断协调和博弈，找到各自合适的站位。② 目前，在强政府、弱市场的情况下，政府对文化产业的认知和选择，将会决定性地影响未来上海文化产业的走势和格局。市场和资本在文化产业的选择和表达中，必然会出现一些新的动态，政府如何去制衡和管理，从制度设计和体制创新中挖掘新的生产力，又坚持了正确的核心价值观，需要智慧和勇气。哪些是党和政府必须抓住不放的，哪些是可以由市场进行配置的，"管"与"放"之间，底线和黄线的划定，需要原则性和灵活性相结合。

三、启示

（一）文化产业融于城市综合竞争中。

上海决策者普遍认为"发展不是一个简单的经济范畴"，更是一

---

① 杨剑龙. 全球化背景中的上海文化产业的现状与思考 [J]. 上海经济研究，2008 (7).
② 厉无畏，蒋莉莉. 上海发展创意产业优势环境分析 [J]. 上海经济研究，2009 (6).

<<< 第三篇 比较研究：国内外文化资源产业化的经验启示

个多元的社会范畴和人文范畴。① 上海的文化建设掀起一个个高潮，不断翻番的文化投资足以表明，文化建设早已融入上海的城市总体发展中，那么，这么多的钱是从哪儿来的？上海市对宣传文化系统内的新闻、出版、电影，采取了零承包、差额拨款、全额拨款等不同的财务机制，上海又将文化系统交与财政的各种税收全部退还文化系统，建立文化专项基金统一使用，多方面吸纳资金也是成功经验之一。②

文化是最强大的生产力之一，多年来，在文化产业发展的体制和机制上，在产业资本积累和外部生产延伸上，上海都做了积极探索，并且取得成效，东方明珠股份公司的成功运营，是最典型的例子，它是全国第一家上市的文化股份制企业。③

（二）文化行政部门正从办文化到管文化的转变。

在上海，文化行政部门正从办文化到管文化，文化单位正从事业型到产业型转变。④ 上海举办的国际电影节、国际艺术节、国际电视节、国际音乐节、国际动画节、国际摄影展、国际儿童艺术节、国际民间艺术节等重大艺术活动，初时都由主管部门上海市电影局、上海市文化局、上海广播电视局等分别主办，大到发奖小到会务，什么事都要操心，显然长期以来上海的宣传文化系统政事政企不分，主要精

---

① 沈露莹. 上海文化大都市战略与文化产业发展 [J]. 上海经济研究，2008 (9)：58-63.
② 冯源. 上海文化产业给四川的启示 [J]. 四川党的建设（城市版），2005 (6).
③ 汪炜. 上海金融业与其相关产业灰色关联度研究 [J]. 中国外资，2012 (8)：1-2.
④ 陈德金，李本乾. 文化建设与上海城市文化软实力研究 [J]. 科技管理研究，2011 (24)：225-228.

力放在办文化上。①

（三）把文化产业当作城市的灵魂。

文化对于一个民族是精神之根，对于一座城市则是活力和灵魂，大规模的文化设施建设使得上海在建设先进文化上有了良好舞台，过去市民闻所未闻、见所未见的世界优秀艺术团体和剧目，纷纷亮相于上海舞台，上海已成为国际艺人和顶级团体向往和心仪的城市。②

第三节 天津

一、现状

1. 文化产业发展势头迅猛，在国民经济中的地位日益显著。

在"文化强市"的战略目标及相关政策指引下，天津的文化产业虽然起步较晚，但发展速度很快。2009年，天津市委做出"打好文化大发展大繁荣攻坚战"的战略部署，文化产业迎来新的发展契机。2009年的文化产业增加值达到235亿元，2010年达到303亿元，年均增速超过30%，文化产业占全市GDP的比重从2004年的2.15%上升

---

① 李本乾,陈晓云,陈德金.上海文化产业发展与文化体制改革协同推进研究[J].科学发展,2010(6):92-102.
② 王战,潘世伟.上海文化发展报告(2014)[M].北京:社会科学文献出版社,2014.

到近年的 5.33%，逐步走上加速发展的快车道。①

2. 文化产业体制改革速度加快，市场化运作趋势日益明显。

通过近几年大刀阔斧的文化产业体制改革，国家、集体、民营、个体、中外合资、外商独资等多元化的投资主体进一步形成，天津文化产业的市场化运作趋势日益明显。天津在全国范围内率先实现了节目制作和营销的市场化，将卫视频道、少儿频道、节目购销中心和广播电台的相声广播、小说广播等可经营资产进行剥离，解决了文化企业规模小、资源分散等问题。此外，通过多元化的投资和大力度的资源整合，天津广播电视网络有限责任公司、天津每日新传媒发展有限责任公司、天津北方网股份有限公司等一批注册资金在 1000 万元以上的现代文化企业先后成立，对天津整体经济的发展起到了明显的带动作用，文化产业发展全面提速。②

3. 文化产业基础设施建设加快，传统文化与创意产业"两轮驱动"。

天津是一座有着上百年历史积淀和文化底蕴的历史名城，拥有大量文物、古迹和民间艺术品，"泥人张""风筝魏""刻砖刘"、杨柳青年画，以及享有"软浮雕"美誉的天津挂毯驰名全国。天津也是中国北方的曲艺之乡，相声、大鼓、坠子、单弦、评书、时调等曲艺形式从天津这片沃土走向全国。尤其是近几年，天津通过资源整合，将传统曲艺做成符合市场需求的文化产业，天津名流茶馆的"相声、戏

---

① 万希平. 天津文化产业发展的现状、优势及未来目标定位 [J]. 求知, 2010, (2).
② 何翎. 四大直辖市文化产业的比较及对天津发展文化产业的建议 [J]. 环渤海经济瞭望, 2010, (3).

曲集萃"于2010年首批入选"国家文化旅游重点项目名录",成为全市首个国家级文化旅游演出品牌。①

二、问题

文化产业虽然在本市发展较快,但是与国内外发达城市和地区相比较,还存在着一定的差距。下面将从几个宏观指标出发,分析天津市文化产业在发展过程中存在的主要问题。②

（一）文化产业产值增速快总量低。

根据国家统计局规定,当一个产业增加值占GDP的比重未能达到5%时,不能称该产业为支柱产业。按照统计局《文化及相关产业分类标准》计算天津文化产业增加值占天津市GDP的比重,2011年来天津始终处在2%—3.5%之间,2018年天津市经营性文化产业法人单位资产总计为4165.18亿元,比2013年增长了12.3%,但和不少的省市相比差距比较明显。③例如上海、北京、广东、云南、湖南等省市2018年文化产业增加值占该省市GDP的比重都在5%以上,已成为支柱产业。

（二）本市居民文化消费水平低。

天津虽然属于国际大都市,但城镇居民文化消费水平并不高,其原因是多方面的,但最主要的原因还是文化消费品吸引力不够,从数

---

① 杨月华. 天津文化产业中的相声演出市场研究 [D]. 天津：天津财经大学, 2010.
② 孙诗雨, 高峰, 雷鸣. 天津文化产业发展现状及问题研究 [J]. 商场现代化, 2013 (30)：184.
③ 张复明. 关于城市定位的理论思考 [J]. 城市规划, 2000 (3).

据显示可以看出，2010年天津居民文化消费是1146.963元/人，2005年天津居民文化消费是567.312元/人，平均增长速度为15.12%，但与北京、上海和重庆对比，天津文化消费水平排在最后一位。① 天津文化消费水平同时还低于全国的平均水平。由2010年居民人均文化消费支出占消费性支出的比重数据显示，全国的比重是7.18%，天津的比重是6.94%，全国比天津高出0.24个百分点；然而北京和上海的比重都已超过了9.4%。由此可知天津居民文化消费水平与北京、上海和重庆等发达城市比较还处于偏低的水平，说明发展文化产业大繁荣的动力不足，居民文化消费不够活跃。②

（三）天津文化产业结构有待调整。

天津的文化产业建立在计划经济体制的基础之上，深受计划体制的束缚和影响，虽然经过了改革开放三十多年的发展，依然相较于其他产业而显得滞后。从天津已有的文化企业发展来看，主要存在着以下几个问题：第一，事业、企业界限模糊，某些企业名义上称为企业，但仍然承担部分事业单位的职能。③ 第二，现有的文化企业大多由传统的文化事业单位转化而来，其所有权属于政府，经营效益不高。政府直接拥有文化企业，带来一些负面的影响结果。一方面，政府过多干预文化企业的经营管理，挫伤了经营主体的积极性，又导致了经营者的依赖心理，经营主体难以成为真正的市场主体和法人实体；另一方面，文化企业往往具有国有企业的特征。例如，在分配上普遍存在

---

① 天津市文化体制改革工作领导小组办公室.加快天津文化产业发展的研究报告[J]. 求知，2011（4）.
② 单霁翔.留住城市文化的根与魂[M].北京：科学出版社，2010.
③ 石崧.上海创意空间的崛起与城市复兴[J].上海城市规划，2007（3）.

平均主义;① 在人事制度上没有形成流动机制和淘汰机制，冗员太多，职工文化程度偏低，在经营投资上不以市场需求为导向，投资决策上主观臆断，一哄而上，而有的则相反，缺乏应有的决策权和经营自主权，在思想观念上，市场意识、竞争意识淡薄，缺乏危机感。由于以上诸种原因，在文化产业行业中缺少我们自己的优势项目，没有形成自己的拳头产品，没有像美国那样的成型的电影行业、出版行业、传媒行业、游乐行业等品牌行业。②

（四）天津文化产业缺乏高端人才集聚。

天津文化产业拉动就业数量不高，2005年至2010年文化产业年平均就业人数1.73万人左右，在就业人数中，高端人才所占比例不到5%。天津文化、娱乐和体育业就业人数占城镇就业总人数的比重低于1%，而且2005年至2010年比重逐年下降，由2005年的0.91%逐年下降到2010年的0.86%。在新形势下，文化产业本该大发展时期，可是天津文化、娱乐和体育业就业人数占城镇就业总人数的比重2010年比2005年下降了0.5个百分点，我们对北京、天津、上海和重庆进行比较，2005年天津的排名是第三，而到2010年时，天津的排名是最后。③ 2018年天津市文化及相关产业法人单位达到了23134个，从业人员达到了200965人，以全国、北京、上海和重庆等发达地区相比较，天津文化产业在拉动城镇就业方面显得能力不足，因此，天津市留住和引进文化产业高端人才是当务之急。

---

① 郑大伟，阮平南. 城市文化遗产与文化元素的性质 [J]. 学术论坛，2007 (4).
② 罗艳. 金融支持与天津文化产业发展研究 [J]. 华北金融，2011 (7).
③ 张登国. 城市定位及其理论基点探讨 [J]. 临沂师范学院学报，2008 (1).

（五）缺乏龙头企业。

文化产业要快速发展，必须培育龙头企业和产业品牌。充分发挥龙头企业的带动作用，通过发挥龙头企业的品牌优势、技术优势，把分散的、小规模的生产经营者组织起来，改进工艺、提高技术，带动整个产业水平提高，最终形成在全国有影响的产业品牌。① 天津文化产业缺乏科学规划布局的意识，这些文化企业散乱地分布着，缺少"领头羊"的主导企业，很难形成产业链和产业集群。天津的文化产业企业大多都是规模小、人数少、资金投入少的没有竞争能力的小企业。②

（六）文化产业集群效应不佳，对社会就业的带动效果不明显。

天津的文化产业大多为分散式布局，不能产生关联产业。如果形成产业链就能取得意想不到的效益，还能产生吸引力，有更多的文化企业愿意在这里发展产业，就形成了产业集聚效应。③ 有了产业集聚就会有更多的企业为了获得更大的利益，通过创新改革产生新的技术、增加新的工作平台与设备。区域文化产业的升级，能够提高天津市整体的文化产业发展水平。④ 但是，天津的文化产业园刚刚成立，还处于起步阶段，大部分的企业都是分散的规模小的小企业，资金少、技术人员稀缺，很难形成产业集聚。

（七）文化产业投入不足，居民人均文化消费偏低，城乡差距大。

---

① 孟广文，王洪玲.京津冀文化产业发展与合作研究［J］.京津冀区域协作论坛文集，2010（3）.
② 刘琳.天津文化产业发展研究［J］.新乡学院学报（社会科学版），2012（8）：43.
③ 万希平.天津文化产业发展的现状、优势及未来目标定位［J］.求知，2010（2）.
④ 杨月华.天津文化产业中的相声演出市场研究［D］.天津：天津财经大学，2010.

目前，银行贷款是天津文化企业融资的主要途径之一。但是，银行的贷款规模远无法满足天津市文化产业的发展需要。① 2009年统计资料显示，天津市文化、体育和娱乐业固定资产总投资额仅占第三产业固定资产投资总额的1.26%，文化体育与传媒业财政支出仅占全市财政支出的1.35%。②

三、启示与对策

（一）利用区位优势和资源特色协调各区县文化产业结构，完善文化产业发展整体规划。③

天津具有得天独厚的地缘区位优势和交通区位优势，其地处环渤海经济带和京津冀城市群的交汇点，占据环渤海经济圈的核心位置，紧邻全国文化、政治中心北京，与发达国家日本和韩国隔海相望，直面东北亚和迅速崛起的亚太经济圈，是我国北方连接亚欧大陆桥的东部起点；天津还有长达153千米的海岸线，拥有大量开发成本低廉的荒地和滩涂，3000平方千米的海域面积蕴含着丰富的海洋资源及我国最大的人工港——天津港。④ 这些都为聚拢、开发海内外文化资源提供了有利条件。针对地缘优势和本地资源特色，各区县都制定了中长期发展文化创意产业和文化旅游产业的规划，形成了良好的地区间竞

---

① 陈学娅. 加快天津文化产业发展的研究报告［J］. 求知月刊，2011（4）.
② 黄南珊，刘保昌. 湖北文化产业集群发展的前瞻性思考［J］. 江汉大学学报，2009（5）.
③ 高峰. 天津文化产业发展现状及对策建议［J］. 环渤海经济瞭望，2012（10）：29.
④ 何翎. 四大直辖市文化产业的比较及对天津发展文化产业的建议［J］. 环渤海经济瞭望，2009（12）：17-19.

争发展态势,这将对各区县竞相发展文化产业起到明显的竞争激励作用。①

但协调好各区县间的竞争,使各区县在竞争的同时加强区域间合作也是同样重要的。因此,在文化产业发展过程中,还需要针对具体情况继续完善天津市文化产业发展整体规划,合理布局空间规划,协调各区县文化产业特色资源优势,帮助各区县文化产业错位发展、协调发展,打破体制分割和地区分割,构建相互间人才、科技等文化资源共享合作的氛围和平台。②

(二)深化体制改革,构建文化产业发展的优良环境。

深化文化体制改革,分清文化产业和文化事业的边界。通过文化体制改革,对文化产业实行政企分开,进一步解放和发展文化生产力。同时,还要进一步搭建有利于文化产业发展的优良环境,具体应构建好以下几大环境。③

一是法治环境。文化产业的繁荣发展,离不开成熟完善的文化法律法规体系,我国目前有关文化产权方面的立法管理色彩浓厚,多偏重监督、规范、限制、义务和处罚,疏于发展、促进、保障、权利和服务。完善知识产权立法,就要力求构建管理型和服务型并重的法律法规,形成政务公开、制度透明的良好法治环境,规范文化市场秩序,

---

① 刘超. 天津市文化产业发展"十二五"规划编制完成 [N]. 今晚报, 2011-11-08.
② 天津市文化体制改革工作领导小组办公室. 加快天津文化产业发展的研究报告 [J]. 求知, 2011, (4): 34-36.
③ 汪寿松. 加快天津文化产业发展探析 [J]. 天津经济, 2006 (8): 46-48.

加大知识产权司法保护,加大执行力度,维护公民文化权益。①

二是政策环境。对于文化产业,要本着政府扶持、市场主导的态度,切实加强政府文化相关部门对文化产业的保障和扶持力度。推进文化产业体制改革,完善文化经济政策,进一步完善促进文化产业发展的相关配套措施。② 拓宽融资渠道,创新文化产业投资机制,完善扶持政策,鼓励和支持非公资本投入文化产业,特别是高新文化产业领域。加强硬件服务设施的改造,创造完备的文化设施条件和文化消费环境。

三是市场环境。通过市场主导,打破不合理垄断行为,构建完备的文化市场竞争环境;改善投融资环境,加快项目引进,培育市场主体,构建文化资源的市场配置和开发机制,建立面向市场、具有活力的文化产业体系和运作规范的文化市场体系,进一步提升文化产业的市场竞争力。③ 培育龙头产业和大企业,以资本为纽带允许文化企业进行兼并和重组,促进文化企业规模化、集团化经营,以加强文化竞争力,夯实产业基础,为文化产业发展提供强大支撑。同时应注意营造有利于民企发展的环境,扶持壮大一批中小型文化企业群,充分发挥民营经济经营机制灵活、对市场需求反应速度快、创意更多样和更有活力的优势,促进产生更多人民群众喜闻乐见的文化产品和服务,以活跃市场,满足文化市场的多样化需求。

---

① 王琳. 发展天津文化产业的战略思路与政策环境体系建设 [J]. 南方论丛, 2004 (1): 102-109.
② 新京报. 保障文化知识产权 文化发展需要良好的法治环境 [OL]. http://culture.people.com.cn/, 2011-10-21.
③ 尹鸿. 文化产业人才"交叉"培养是根本 [N]. 北京商报, 2011-01-10.

(三)完善人才政策,构建多元化的文化人才开发和利用体系。

文化产业通常都是与文化知识和技术高度关联的产业,是极度依赖人脑和智力的创造活动,因此文化产业的发展尤其离不开各类优秀人才。就国内创意产业而言,北京、上海等地人才资源优势明显;作为北京的近邻,天津应充分利用自己的地缘优势,引进和利用好各类文化产业优秀人才。①

首先是引进人才。文化产业人才一般分为三类:一是制作和生产人员,由技术性、专业性院校培养;二是创作人员,由艺术院校和综合高校的艺术学科培养;三是经营管理策划人才,主要通过综合高校的研究生阶段培养。在充分引进三类人才的基础上,还应重点引进对文化产业链非常熟悉的综合性复合人才,即既有专业技能基础、又懂得经营管理的复合型人才。

其次是培养人才。加强对人才的培训力度和人才培养的投资力度,实施产学研一体化模式,推进企业、研究机构参与到学校学生的创新能力培养中,为学生提供实践的场所,增强学生的实践技能和动手能力。此外,还应重点培养交叉型复合人才。

再次是利用人才。转变对文化产业的经营管理理念,完善管理机制。构建竞争上岗的文化产业人事管理制度,通过竞争激励人才创新,发挥最大潜能,从而提升文化产业就业人员的整体素质;制定合理的管理和晋升制度,尽可能做到"人尽其才,人尽其用",从而使各类人才都有充分的发展空间。

---

① 王琳.金融危机背景下的天津文化创意产业创新战略[J].城市,2009(3):75-78.

最后是留住人才。完善一系列人才保障措施，改善工作和生活环境，如完善文化产业就业人员的住房保障措施等；提高工资福利；推进户籍管理制度改革，对文化产业从业人员和外来投资企业主及其家属的户籍迁入、子女入托等提供便利。只有在充分尊重人才的基础上，为人才提供生产生活的便利，使人才后顾无忧，才能确保把真正的可用之才留住，从而为天津文化产业实现跨越式发展提供源源不断的人力资源保障。

（四）实施文化技术引领工程，构建高新文化产业体系。

通过对美国文化产业发展过程的研究发现，一个产业要想立足产业发展前沿，就要着力发展高新技术，通过技术引领来构建现代文化产业体系。目前，天津应着眼于产业价值链高端的文化内容，重点支持发展八大行业：创意设计、文化软件、动漫游戏、新媒体及文化信息服务、数字出版、影视演艺、文化旅游、非物质文化遗产开发等，做大做强以创意内容为核心的文化服务业。① 使文化产业成为重要的战略性新兴产业，成为天津转变经济发展方式和产业结构升级的主导产业之一。天津要积极利用各种新型高新技术改造传统文化产业，拓展新型文化产品和服务，掌握文化产业发展的主动权，使天津成为文化产业创新研发中心。②

（五）加强政策支持力度，形成文化产业新格局。

在财政政策方面。针对原来一些文化事业单位转制改企，要从财

---

① 赵万明. 借鉴美国经验，加速天津文化产业大发展［J］. 未来与发展，2012（11）：104-106.
② 姚文生. 共享"文化惠民"的阳光［N］. 天津日报，2012-05-16.

政上拿出一定资金用于补贴相关费用，诸如一些养老问题、医保问题。对已转制改企的单位，应给予一定的财政优惠补贴。在税收政策方面。天津应出台有关税收优惠政策，例如当企业被认定为高新技术文化企业时，或者对于文化企业开发新技术、新产品的研究开发费用，应给予一定比率的税收优惠。① 在投融资政策方面。天津应尽快成立市文化产业投资担保公司，为中小文化企业和一些重大文化产业项目提供风险投资和贷款担保服务。积极鼓励符合条件的国有文化企业到上海、深圳或者是海外上市融资。同时积极吸收社会各种资本和外资进入国家政策允许的文化领域，通过合资、独资、合作等多种途径，参与天津原有文化企事业单位的股份制改造，形成以公有制为主体、多种所有制共同发展的文化产业新格局。②

（六）实施品牌建设，打造文化新领军企业。

纵观世界经济发展历史，企业是产业发展的主体，领军企业的发展水平决定着产业发展的总体水平。③ 从美国文化产业发展历程来看也印证了这一点。因此天津要在文化产业加快培育和扶持一批真正的领军企业，要鼓励和支持大型文化企业以多种形式进行跨地区、跨行业、跨所有制兼并重组，以便快速提高企业的产业规模和效益，以利打造现代大型文化骨干集团。重点要在"文化+科技""文化+旅游"等领域打造一批具有较强竞争力的文化骨干企业，打造一批像华谊兄

---

① 邓显超. 中国文化发展战略研究 [D]. 中央党校，2007（05）：122-129.
② 欧阳坚. 从公共物品视角看我国博物馆免费开放政策的出台 [J]. 中国行政管理，2008（10）：41-43.
③ 周国梁. 美国文化产业集群发展研究 [D]. 吉林大学，2010-04：47-51.

弟那样具有自主品牌的龙头企业,引领天津文化产业实现腾飞发展。①

第四节 湖南

湖南地处我国中南部,从人口、区位、历史等诸多因素看,与山东相比,发展文化产业并无特别优势,但从20世纪末以来,"文化湘军"在海内外影响日盛,"湘"字文化品牌在全国异军突起,2013年—2017年湖南文化产业综合发展指数一直处在全国"十强"行列。

一、主要亮点

(一)广电"湘军"名气大。

2017年,湖南广电旗下湖南卫视成为全国省级卫视收视率排行榜"全天+黄金档"双料冠军;全国广电广告收入1518亿元,其中湖南广电获得183.1亿元,占比达到12.0%。2018年,湖南广播影视集团与潇影集团、网控集团三强整合新组建的湖南广电资产总额由316亿元增加到574亿元,再次入选"亚洲品牌500强",并跻身前100强行列,位列总榜第93名,在广播电视行业仅次于中国中央电视台,居亚洲第2名。截至2018年三季度,旗下芒果TV手机App下载安装激活

---

① 王强. 加强广东省公共文化服务体系建设的对策建议 [J]. 中国党政干部论坛, 2008 (10): 56-57.

量超 6.2 亿,居全国国有控股视频网站第一名;芒果 TV 实现净利润 6.16 亿元,同比增长 103.7%。湖南提出的做省级广电"影响力第一、市值第一、品牌第一"的发展目标正日益成为现实,湖南广电已成为宣传湖南文化、扩大湖南影响的一块"金字"招牌。①

(二)出版"湘军"实力强。

多年来,湖南以精品力作为追求,以深耕出版主业为坚守,推进业态升级和产业转型,孜孜以求把湖南出版打造成具有国际竞争力的文化航母,打造成为中国文化产业的龙头企业。今天的湖南出版投资控股集团,平均每天出版 32 种图书、销售 159 万册,连续 10 届入选全国文化企业 30 强,综合实力位列全国出版集团第 2 位。②旗下湖南日报社被中国报业协会评为"2016—2017 中国报业最具原创力媒体",中南传媒利润和市值居全国出版上市公司首位,在世界出版企业 50 强评选中高居第 6 位。在 2018 年中国版权年会暨颁奖仪式上,中南出版传媒集团股份有限公司获得"中国版权最具影响力企业奖""2018 年度中国版权特别贡献奖"两大权威奖项,出版湘军彰显强劲实力。

(三)动漫"湘军"动力足。

湖南动漫产业起步早、发展快,在 20 世纪 90 年代,年产量领跑全国,诞生了全国第一个卡通动画"中国驰名商标"蓝猫,开创了电脑无纸动画的先河。近年来,湖南动漫文化企业积极响应动漫游戏协会抱团发展新理念,协同打造动漫游戏整体品牌形象,从原创、衍生

---

① 刘银田,张定新,魏修军. 湖南文化产业调研启示与思考 [J]. 山东经济战略研究,2019 (6):5.
② 刘文华. 湖南文化产业发展中存在的问题和发展对策研究 [J]. 经济研究导刊,2012 (3):224-225.

品、推广等各个领域发力，促进内容创新、资源整合、衍生品输出，加速动漫游戏产业的转型升级和创新融合，构建全生态产业链，大力拓宽"动漫+"领域，涵盖动画、漫画、游戏、新媒体、文化旅游、新兴教育、电视竞技、VR技术等，动漫游戏产业开启又好又快发展新征程。①2019年全省动漫游戏及相关业务年度总产值达到312亿元；销售动漫图书408万册；新上市运营手游200款，增长180%；动漫游戏类知识产权申请1820项，增长60%。②

（四）创意"湘军"风头劲。

坚持把创意作为发展核心的湖南文化产业，以创意促进产业转型、产品升级，以创意抢占发展先机、奠定优势发展地位。通过创意，湖南卫视1997年7月11日播出的《快乐大本营》一举成名，其后《超级女声》《爸爸去哪儿》《我是歌手》等创意十足、时代感很强的前沿栏目让湖南卫视连续保持国内21年的高收视率；③通过创意，打造湖南文化产业升级版，影视传媒、新闻出版、动漫游戏、文化信息服务、虚拟现实产业等高端及优势文化业态不断推陈出新、发展壮大，传统文化产业提质改造；通过创意，湖南省演艺集团打造国际演艺品牌，推出"纯粹中国"项目，将具有代表性的杂技、民乐、民族民间歌舞及优秀剧目等推向世界，全方位、宽领域、多渠道、深层次强化湖南对外合作交流模式，扩大湖南文化品牌国际知名度、深耕海外市

---

① 屈时雨，洪敏. 对接"一带一路"战略，推动湖南开放强省建设[J]. 湖南工业职业技术学院学报，2017（3）：43-45.
② 孙国锋，王渊. 产业集聚对文化产业发展的影响研究[J]. 贵州商学院学报，2019（04）.
③ 邓向阳，荆亚萍. 湖南"两型社会"文化产业新业态的问题与培育对策[J]. 当代教育理论与实践，2015（10）：173-175.

场,截至2018年12月,近五年湖南省演艺集团出访数十个国家和地区,境外演出达1000余场,成为湖南文化"走出去"的一张亮丽名片。①

二、发展现状

(一)融入"一带一路"战略,加快湖南文化产业国际化程度的提升。

湖南融入一带一路战略不仅有利于引进国外文化资源,而且更大规模地吸引外国资本的进入,引入与国际接轨的管理模式和运营机制,从而为湖南文化产业的振兴提供更为广阔的市场空间。②

(二)经济新常态下,个性化、多样化消费渐成主流。

创新的重要性显著上升,文化产业成新兴业态。未来文化消费大量涌现。因此,必须采取正确的消费政策,释放文化消费潜力,使其继续在推动经济发展中发挥基础作用。③

(三)国内产业结构升级。

产业结构升级最典型的标志就是资本技术密集型产业比重的提高。文化产业作为典型的资本技术密集型产业,在我省的产业结构转型升级中一直走到前排。"文化湘军"也因此成为多年来享有盛名的

---

① 赵晋颐,陈国生,彭文武.湖南文化产业新业态发展和对策研究[J].长江丛刊,2016(08):78-79.
② 曹健华,金晓燕.湖南文化产业发展的SWOT分析及战略选择[J].湖南财经高等专科学校学报,2007(6):42-45.
③ 李季.新常态下文化产业的机遇与挑战[N].中国文化报,2015(04).

奇葩。在国内需求结构升级背景下,"文化湘军"的潜力必将得到更大的发展。①

(四)人才优势凸显。

湖南无论是中等、初等教育还是高等教育,在全国都有相当地位,尤其中等教育是湖南非常明显的一个优势,因为湖南有重视教育的传统。

(五)以项目建设为引领,产业布局日趋完善。

近年来随着各级部门对文化产业重视程度的提高,促进文化产业发展的政策陆续出台,其中以通过狠抓文化项目带动文化基础设施建设、重点文化领域发展为主的《长沙市文化产业引导资金使用管理办法》意义重大。扶持项目重点是对传统文化创意产业转型提质项目,如湖南红太阳演艺有限公司的大型歌舞晚会《潇湘画卷》节目制作、长沙沙坪金球湘绣有限公司的湘绣刺绣工艺研究应用及推广等。②

(六)以产业融合为抓手,经济转型稳步推进。

随着文化产业的深入发展,以"文化+科技""文化+金融"等为代表的"文化+"概念应运而生。特别是以文化会展为平台,湘湖文化影响渐大。③ 作为一个新兴的服务行业,会展业影响面广、关联度高,其对开拓市场、促进消费、加强合作交流、扩大产品出口及推动经济快速健康发展具有重要作用。

---

① 段树军. 新常态下湖南的新机遇、新优势、新思路 [N]. 中国经济时报, 2015 (03).
② 戴钰. 后金融危机时代湖南文化产业发展研究 [J]. 湖南工业大学学报(社会科学版), 2011 (1): 93-96.
③ 祁惠, 陈政, 周巍, 周怡岑. 湖南文化产业发展现状、问题及其政策建议 [J]. 当代经济, 2017 (6) 43.

三、存在的主要问题

不可否认,随着信息时代的不断创新与发展,湖南省文化产业出现了大规模、大品牌的兴旺格局,"出版湘军""教育湘军"等不断涌现,但其文化产业的创新发展却不容乐观。①

(一)服务创新理念缺乏。

由于中国传统管理思维和管理模式的长期束缚,虽"入世"以来国内的文化产业经历了很多国外先进的现代服务管理理念的冲击与影响,但未彻底摒弃原来传统的陈旧观念。湖南的许多文化产业把服务的活动界定在制度层面,甚至是操作层面,一些文化产业缺乏内涵、深度和人文性。更多的只是体现和追求产业所有者的自身经济利益,产业的管理思想往往是自觉或不自觉地从所谓的"经济人"假设出发,缺乏对消费者内在需求的把握与考量,很难满足人民多样化精神文化需求。

(二)文化管理体制落后。

现行文化管理体制仍然是传统文化事业型,这种管理体制"管""办"不分,政事部分,政企不分,与文化创意产业发展不相适应。②且由于受到传统管理模式的束缚,湖南文化产业对任用之人优先考虑"亲近"之人,在选用员工时,更多的是看忠诚可靠与否,能力如何

---

① 彭玲艺,易想和. 湖南文化产业创新发展存在的问题及路径构建[J]. 科教导刊,2015(11):141.
② 邓卫红. 湖南文化创意产业发展思路和对策分析[J]. 南华大学学报(社会科学版),2008(9):31.

则退而次之；在人员配置上，论资排辈与"任人唯亲""任人唯近"的现象比比皆是，缺乏"唯才是用"的管理思想。在考评方面，评价主体单一，缺乏评价基础，缺乏公开、及时的反馈机制，且带有相当的主观性和随意性，缺乏明确的奖惩标准，不仅严重制约了产业自身的长远发展，也严重影响了产业内部的公平。①

（三）文化发展模式单一。

与"北上广"相比，湖南是一个商贸、娱乐、餐饮等传统服务业所占比重较高，而环境、文化、制度、政府管理等核心竞争相对较弱的省份。与北上广等文化产业发展地区相比，湖南不能光走文化市场开发模式，而必须充分发挥湖南的优势文化资源，如"红色文化""湖湘文化"等，但对这些传统优质文化资源的开发不容乐观。换言之，目前新兴媒体层出不穷，市场开发无所不用其极，但却没有突出湖南文化资源的优势，导致湖南文化产业的发展如同无源之木，缺乏根本。②

四、发展的对策

（一）优化文化产业结构。

首先要在主导产业上选择适宜的产业。第一，主导产业的发展和壮大要有充足的市场需求，反之主导产业就会失去发展动力。第二，

---

① 佟丹丹. 我国文化创意产业发展的现状及对策研究 [J]. 企业导报，2012（15）：107.
② 游碧竹. 崛起的新兴产业——湖南文化产业发展战略研究 [M]. 长沙：湖南人民出版社，2002：67.

主导产业要想实现可持续发展,离不开技术的更新和超强的适应力,技术是企业发展的主要生产力,技术的进步能够为企业发展指明前进的方向。第三,选择主导产业需要有一个主要的标准,即是否有强大的关联带动性。其次,在层次和机构上注意完善文化产业发展。一方面,政府应出台相关的政策,对核心层、相关层和外围层的分布比例进行宏观调控;另一方面,还要将核心层放在首要发展位置上,然后再拓展相关层的发展,最后扩大外围层的产业发展。文化产业新业态的发展核心在于中小企业中。因此,加强中小企业的新业态发展,能够保障外围层的发展空间。此外,还要依靠相关的产业政策,尤其是财税政策的支持,来保障中小企业文化产业新业态的可持续发展。

(二)搭建文化产业发展的公共服务平台。

(1)加大公共服务平台的监管力度,为其制定一个完善的评价体系和标准,将这套体系运用到考核标准之中;树立模型,对那些效果好、服务好和信誉好的服务平台提出表扬,给予奖励,鼓励他们提升服务质量和服务能力,最终达到湖南文化创意企业和公共服务平台在发展过程中实现双赢。[①]

(2)发展和完善公众服务平台的运营模式,通过市场化运作和政府引导双管齐下的方式,为服务平台的运营聚集社会力量和社会资金,这样不仅有利于有针对性地开展平台服务,充分发挥公众服务平台的作用,而且有利于从微观层面上解放政府,利用宏观调控更好地实现公共服务和社会管理的职能。

[①] 周巍,范润卿. 湖南文化创意产业发展的态势及对策 [J]. 当代经济,2015 (30):36.

(3) 在国家财政上加大投入力度，大力建设公众服务平台，利用优惠政策等吸引社会资金也投入公共服务平台中来，最终形成以政府为主导地位，以事业单位、社会团体、商会、协会为辅助地位的供给体系，大力发展服务平台建设。同时地方政府和部门之间要团结协作，减少阻力，简化流程，最终实现无障碍沟通，确保服务平台质量和效率的提升。

（三）打造具有湖南特色的文化产业集群。

湖南省文化创意产业核心竞争力的提升，离不开完善的文化产业发展规模、具有地方特色的产业集群的支持。我们可以通过以下几种方式来实现：第一，湖南省高新技术开发区具有很多优秀的资源，可以充分利用这些资源，建造一些国家级动漫基地和动漫创意产业园区，利用这些地区聚集其他资源；第二，大力支持数字媒体园区的建设，鼓励湖南金鹰影视文化城和长沙网络科技文化产业园的发展；第三，政府出台相应政策，保障湖南文化创意产业的发展和建设。此外，还要注意加强文化创意产业园区和科技院所及高校之间的联系，共同致力于创新研究和人才培养，利用政府的支持，最大效益地发挥湖南省的产业集聚效应，建设有地方特色的产业集群。①

---

① 肖黎. 湖南省文化创意产业竞争力研究 [D]. 西南财经大学, 2014.

第五节 云南

一、发展现状

云南在文化产业发展方面占有得天独厚的优势，先后推出了一系列以少数民族文化为主题的文艺精品，并且将民族文化与旅游结合助推文化产业的发展，创造了文化产业发展的"云南现象"。[①]

（一）云南省文化产业具有鲜明特色。

云南具有26个少数民族和200多个民族传统节日，丰富的少数民族文化成为文化产业发展的源源动力，带动了云南文化产业的发展，并逐步形成了集文化、经贸、旅游为一体的新型文化产业。[②] 再加上依托自然，结合异彩纷呈的民族文化，在赋予文化产业丰富的内涵和灵气的同时，也为云南文化产业的发展提供了广阔的前景与无限的商机。近年来，以省会城市昆明为中心，带动各地区发展具民族特色的文化产业带和文化产业圈，云南围绕"香格里拉""三江并流"等著名景区，将自然景观与人文景观融为一体，打造了27个各具特色的项目和基地。[③]

[①] 李贤，赵妍，沈美怡. 云南文化产业发展的思路 [J]. 金融经济，2016（8）：32.
[②] 叶朗. 中国文化产业年度发展报告 [M]. 北京大学出版社，2015.
[③] 康云海，宣宜. 2013—2014 云南经济发展报告 [M]. 云南大学出版社，2014.

(二)演艺产业探索文化产业"走出去"经验。

云南毗邻东南亚的区位优势,让文化产业走出去有了巨大的发展潜力。云南艺术家杨丽萍倾情打造的"云南映象"自2003年首演以来,在海内外50余个城市商演近4000场,创下了中国舞坛演出阵容最大、巡演时间最长、演出城市最多、演出场次最多、上座率最高、票房收入最好"6个第一";①由云南文投集团融合云南少数民族文化元素打造的新型杂技节目"雨林童话"在成功打进法国商演市场后,又拿到了加拿大、美国等国的海外订单,之后投资的大型演艺节目"吴哥的微笑"和"辉煌的新加坡",分别在柬埔寨和新加坡两个国家成功上演,并长期驻演。这一系列在演艺产业上取得的成绩,标志着云南文化桥头堡建设中"文化走出去",已取得实质进展。

(三)演艺产业带动文化产业发展。

云南省丽江市作为全国文化体制改革试点城市之一,通过精心打造"纳西古乐""丽水金沙""印象丽江"等演艺品牌,有力助推了文化产业。自2011年起,丽江市实现文化产业增加值在GDP中所占的比例在10%以上,居全省首位。②其中大型民族服饰、民族风情舞蹈诗画"丽水金沙"从2009年开始,每年演出700场以上,接待观众保持在20万左右;由著名导演张艺谋、王潮歌、樊跃联合执导的大型实景剧"印象丽江",自2009年至2013年,每年演出超过900场,接待国内外游客近200万人次,实现营业收入超过2亿元。这些优秀的

---

① 尹欣,杨福泉. 云南文化发展蓝皮书[M]. 云南大学出版社,2013-2014.
② 中国人民大学文化产业研究院. 中国省市文化产业发展指数(2014)[M]. 中国人民大学出版社,2014.

演艺作品和团队在景区营业收入和地区税收方面做出了较突出的贡献。①

(四) 云南省文化产业发展进入瓶颈。

截至2012年，云南省文化产业保持较快的发展速度，除了2009年在国际金融危机严重冲击的情况下，增加速度有所减缓外，其余各年文化产业均以近20%的增加速度发展，从2010年起，占GDP比重超过6%。但必须要指出的是，2012年国家统计局修订了《文化及相关产业统计制度》，要求旅行社、部分批零业、体育、餐饮、休闲健身娱乐活动和彩票活动等不再纳入文化产业，若按照修改后的统计口径计算，2012年云南省文化产业增加值只有380.3亿元，仅占全省GDP的3.7%。② 虽然云南省文化产业增加值占全省GDP的比重排全国前列，但经济发展相对落后，整体实力不强，与文化资源大省的地位形成较大反差，离建设成为文化产业强省的目标仍然存在较大差距。2014年"中国省市文化产业发展指数"根据各省市文化产业的生产力、影响力、驱动力等情况进行排名，云南均未进入前十。这进一步说明云南发展文化产业手段单一，缺乏创新，缺少推动文化产业发展的新增长点，而原有发展方式后劲不足，文化产业发展暂时进入瓶颈。③

---

① 云南省统计局. 2014云南统计年鉴 [M]. 中国统计出版社, 2014.
② 杨卫武, 徐薛艳, 刘嫄. 旅游演艺的理论与实践 [M]. 中国旅游出版社, 2013.
③ 字如祥. 论云南发展民族文化产业的优势 [J]. 云南民族大学学报, 2006 (01).

二、发展面临的问题

（一）业态分布不均衡，缺乏可持续发展动力。

从文化产业行业结构看，2016年，以"金木土石布"为核心的云南工艺美术品产业和文化产品生产的辅助生产是云南文化产业发展的龙头行业，占比分别为26%和14.3%，新闻出版发行业的占比为11.3%，其他产业的增加值均在10%以下，而从全国排名前几位的省市来看，为文化产业增加值贡献最大的行业是文化服务业和文化产品制造业，① 因此云南文化产业尚未形成十大行业分类齐头并进、多元发展的局面，尤其缺乏一批高科技含量企业或与互联网嫁接的产业，可持续发展的动力不足。②

（二）重点企业不强，"小、散、弱"现象明显。

云南省文化企业小、散、弱现象明显是长期存在的问题。首先是规模小，2019年云南文化及相关产业2.2万家，其中规模以上文化企业602家，占比仅为3.2%，位列全国19位，大幅低于全国平均水平（4.8%）；其次是分布散，全省628家规模以上企业昆明市有299家，剩余52.4%的重点企业散落在129个县、120个行业小类；最后是实力弱，重点企业从业人员8万余人，企业营收856.28亿元，均低于全国平均水平。③

---

① 杨燕同.云南民族文化发展与文化产业建设［J］.云南社会科学，2008（1）.
② 赵晓红，俞又琪，洪亮.云南文化产业发展报告［J］.新西部，2018（7）：74.
③ 孙国锋，王渊.产业集聚对文化产业发展的影响研究［J］.贵州商学院学报，2019（4）.

（三）地区发展不均，州（市）县（区）差异显著。

从州市来看，2016年，昆明市作为中心城市创造了211亿元的增加值，占地区生产总值比重4.92%；丽江市、迪庆市、西双版纳州和保山市分别依托旅游资源和珠宝占地区生产总值比重均超过5%，总共创造了78亿元增加值；以上五个州市合计实现增加值289亿元，超过全省63.7%，剩下的11个州市包括经济强市曲靖、玉溪等贡献经济总量不足37%。① 从区县来看，129个县（区、市）呈金字塔状分布，处于塔尖的是腾冲等14个县区市，但是还有91个县区市处于欠发达区间，尤其是怒江州福贡县、文山市麻栗坡县的增加值不足700万元，地区差距极为明显。

（四）科技创新投入不够，资本表现不够活跃。②

2016年云南628家规模以上文化企业全年研发创新支出为零，反映出文化企业科技实力薄弱、创新能力不强，不能为云南文化产业可持续发展提供有效支撑。2015—2016年规模以上文化企业中发生较大幅度资产变动的仅有77家，占14.2%，资本力量发挥不足，依靠平稳发展实现弯道超车的可能性极低，其中文化企业资产负债率总体稳健，高风险和低融资文化企业并存，56%的文化企业资产负债率处于稳健水平，金融手段对云南文化产业的助推不足。③

---

① 郭启光. 西部民族地区文化产业发展效率评价［J］. 东北财经大学学报，2019（05）.
② 王慧茹. 大数据赋能文化创意产业发展［J］. 产业创新研究，2019（11）.
③ 贾瑞媛，曾良恩. 中国区域文化制造业效率及其影响因素［J］. 地方财政研究，2019（11）.

三、思考和对策

为实现由民族文化大省建设向民族文化强省建设的迈步，云南正在全面规划，力图通过不断完善的制度、政策和措施来解决存在的问题和不足，同时推进并实现新的跨越。

（一）进一步转变政府职能，积极发挥政策引导作用。

政府是制定文化产业政策的主体，在云南省文化产业发展过程中，政府引导作用是至关重要的。笔者认为，云南省应进一步转变政府职能，提高宏观调控能力。强化政策调节、市场监管、公共服务和社会管理等行政职能，实现从计划经济管理向市场经济管理、从"办文化"向"管文化"、从管理政府文化单位向管理整个文化行业的转变。①

（二）深化文化体制机制改革，为云南文化产业发展注入活力。

深化云南文化体制改革，要对原有的文化企事业单位按其性质及其所承担的功能进行科学分类，要坚持一手抓公益性文化事业，深化文化事业单位改革，不断激发活力，改善服务；又要坚持一手抓经营性文化产业，推进经营性文化单位转企改制，着力培育新型文化市场主体，鼓励文化企业通过兼并、收购等方式扩大规模，走集群化的发展战略，整合和优化各种资源，提高生存能力和竞争能力，从而推动云南民族文化全面协调发展。②

---

① 赵颖. 云南文化产业发展的现状与对策 [J]. 经济师，2010（6）：46.
② 刘佳云，张世庆. 云南文化产业现状及其发展研究 [J]. 民族艺术研究，2007（03）.

(三) 进一步加强文化产业与旅游业的结合，发挥旅游业的带动作用。

回顾几年来云南文化产业发展所进行的实践与探索，一个显著的成效是通过文化与旅游的联姻互动，为文化产业和旅游业的发展营造了无限的生机与活力。① 随着旅游业逐渐从单纯的观光型向休闲度假、文化体验、科学考察、生态游历等新型旅游方式的发展，文化旅游业的发展呈现出广阔的市场前景。要充分利用旅游产业链长的特点，在更大范围内促进休闲度假、娱乐演艺、节庆会展、体育、工艺品、报刊出版、影视音像等相关产业的发展。② 通过旅游市场平台，可以把特色文化资源优势转化为特色文化产业优势，依托云南丰富多彩的历史文化和绚丽多姿的民族风情，不断提升旅游的文化内涵，把文化旅游做大做强，既是发展旅游支柱产业、建设旅游经济强省的重要途径，又是培育文化支柱产业，建设民族文化大省的主要内容。③

(四) 积极扶持和塑造云南文化产业品牌，发挥先进性示范作用。

对文化企业来说，一个最大的战略途径就是最大限度拥有自主知识产权的文化产品。因此，要充分利用云南绚丽多彩的民族文化资源、得天独厚的资产资源和悠久厚重的历史文化资源，突出特色，科学规划，抓住重点，分步实施，创立、维护特色文化品牌。④ 通过推出有影响力的文化品牌活动、建设一批标志性的文化设施、建设文化产业示范基地、结合各地实际打造特色文化品牌等方式，积极扶持和塑造

---

① 王亚南. 云南文化产业发展的实践进程 [J]. 云南社会科学，2006 (03).
② 范建华. 论云南文化产业发展的有利条件 [J]. 学术探索，2004 (04).
③ 胡惠林. 关于我国文化产业发展战略研究的思考 [J]. 东岳论丛，2009 (02).
④ 孙建成. 文化产业的特征与我国文化产业的发展 [J]. 齐鲁学刊，2008 (05).

云南文化产业品牌，使其成为宣传云南文化产业、带动云南文化产业发展的名片和招牌。积极实施品牌战略，努力通过深度策划、推介、包装和营销，把这些文化品牌逐步转化为具体的文化产品系列，真正打造成全国甚至全世界知名的文化品牌，再通过品牌效应带动相关产业发展，延伸产业链，形成产业集群。[1]

（五）实施人才提升战略，为云南文化产业发展提供智力支持。

云南发展文化产业有丰富的文化资源，但是缺少人才的支持。复合型、高素质文化产业人才缺乏已经成为制约云南文化产业发展的瓶颈。[2] 针对目前云南文化创意、营销人才严重匮乏的情况，一方面要改革不利于文化人才组合和流动，不利于人才培养的人事管理制度，建立与文化生产规律和市场经济规律相适应，与现代企业制度相协调的人才使用制度；另一方面，要积极创造各种条件，完善人才引进机制，努力形成良好的创业环境，使云南成为最能体现人才价值、最适合人才干事创业的地方之一；还要重视在职教育和岗位培训，努力提高文化产业从业人员的业务素质和职业道德水平。[3] 全省各地的高校和各级培训部门，都应该把培养高素质文化人才作为一项重要工作目标和任务来抓。要以高校为依托，建立文化产业人才培训基地，培养高层次的文化经营管理人才，逐步建立多层次、立体型的人才培养机制，努力培养一批懂经营、会管理、具有国际眼光的文化经营管理人才和一批文化经纪人及文艺专门人才，为云南文化产业发展提供智力

---

[1] 常晔. 金融支持文化产业发展问题研究 [J]. 经济研究导刊，2009（12）.
[2] 王新红. 昆明大文化产业发展的战略思考 [J]. 陕西职业学院学报，2006（06）.
[3] 吴声怡，许慧宏，等. 福建文化产业的发展模式及运行机制研究 [J]. 2007（03）.

支持。

总之，云南文化产业的发展和繁荣，有赖于政府综合运用多种政策措施进行调控和引导，有赖于建立健全开放的、多层次、多渠道、全方位的文化产业发展机制和管理体制，有赖于旅游业等相关产业的支持和带动，有赖于发挥云南民族文化资源优势形成的文化产品品牌的示范和影响，有赖于复合型、高科技人才提供的智力支持，只有走出具有云南特色的文化产业发展道路，才能使云南文化产业实现可持续的科学发展。

第六节 河南

一、存在的问题

（一）文化产业链不完整，孤立环节多。

1. 文化资源开发环节仍有欠缺。河南省文化产业在发展过程中，对外宣传及保护力度仍然不足，导致许多文化资源闲置，长期得不到有效开发。例如，义马的鸿庆寺是全国重点文物保护单位，它是较龙门石窟更早的我国古代石刻艺术宝库，而现今很少有人知晓鸿庆寺的历史价值和意义。平顶山市郏县境内的临风寨遗址，被誉为"中原第一红石古寨"，明清古建群保存完好，是很好的文化旅游资源，但没有得到足够重视，缺乏研究和开发保护。由于认识不到位，导致一些重要的文化资源没有得到合理利用。有些文化资源被其他省份抢占先机，发展成了规模化的文化产业。同时有些地方只注重开发文化资源的经济效益，忽视发挥其社会效益和整体效益，对文化产业进行孤立发展，出现了急功近利、恶性开发的短期行为，也造成对文化资源本体的破坏，影响文化产业持续发展。①

2. 文化中介服务不发达。文化服务业是文化产业的三大主要组成部分之一，对文化产业的发展具有举足轻重的作用。文化中介服务本身作为文化服务业的构成部分，既是发展文化服务业的重要内容，也是推动文化产业链形成、促进文化产业扩大影响力的关键环节。文化中介服务能够在优化配置文化资源，扩大文化再生产，拓展文化信息传播渠道，推动企业品牌建设方面发挥重要作用。② 但是，目前河南省文化中介服务业还不够发达。一方面，文化中介服务企业数量少，实力弱。缺少一些知名的中介服务企业和其成功运作的项目，阻碍了文化产业的快速发展。另一方面，从业人员素质有待提升。许多文化中介服务企业的从业人员还只是扮演中间人的角色，高层次、高水平、高运作能力的人才较为匮乏，从业人员整体素质有待提升。③

3. 文化产业的产业链效应较弱。在当今市场竞争越来越激烈的情况下，文化产业也直接面临着来自各个方面的竞争压力。如果产业链

---

① 周旗. 河南文化产业发展中存在的问题与应对措施 [J]. 南都学坛（人文社会科学学报），2012（11）：117.
② 王雪云. 教育财政事权与支出责任划分问题探讨 [J]. 河南财政税务高等专科学校学报，2017（6）.
③ 王晓宇. 提升河南省文化产业竞争力研究 [D]. 郑州大学商学院，2011.

完整，则能够从整体上增强竞争实力。① 目前，河南文化产业在产业链的构建上仍然存在诸多问题，导致文化产业链效应得不到有效发挥。一方面，单一文化产业之间的横向联系虽然具备了一定规模（例如朱仙镇木版年画企业的集聚），但在纵向上看仍然主要停留在产业链的某一个环节，并且产业之间以及企业之间的联合协同效应没有在实质上得到深化。另一方面，在产业集聚区的规划和建设中多以单一产业的企业集中为发展方向，缺乏对产业链上下游环节的发展引导，导致配套功能产业发展缓慢，无法增强文化产业的整体实力。②

（二）产业集群实力不强，龙头企业较少。

1. 产业集群实力不强。河南省文化产业集聚区除了国家级和省级产业集聚区外，多数产业集群年收入在一亿元以下，表明产业集群实力不强。特别是河南省特色文化村镇产业集聚区多为中小企业，利用特色文化资源生产文化产品和提供文化服务，经济效益明显，但大多分散经营，没有进行资源的优化组合，影响了资源利用效率和经营规模的进一步发展。③ 一方面，集群整体"竞合"意识淡薄，"聚而不群"现象普遍存在。在产业集聚内部，企业往往只看到竞争而忽视合作，因此在产品开发、原料采购、产品加工和市场营销等环节往往各自为政，缺乏协同意识。另一方面，在文化产业集群中存在开发设计

---

① 李淑芳，叶剑锋. 基于大数据的公共预算绩效管理模式创新［J］. 地方财政研究，2018（12）.
② 郑召锋，丁东青，贾关青. 中部六省文化产业竞争力研究——兼论河南省文化产业竞争力的提升［J］. 平顶山学院学报，2009（5）.
③ 杨铁良. 河南省文化产业发展问题探析［J］. 河南财政税务高等专科学校学报，2011（2）.

能力弱、技工和人才严重短缺、质量提高缓慢、创新能力弱、产品雷同与企业同质化、同业无序竞争、缺乏品牌意识、管理水平落后等问题。①

2. 龙头文化企业较少，未能激发产业集群的发展活力。一些优势企业，由于缺乏重点扶持，在规模扩张和实力提升上裹足不前。有些企业缺乏中长期发展战略，主攻方向和市场定位不够明确。例如南阳玉文化产业在中小企业大量集聚的同时，玉雕知名企业集团较少，带动作用较弱，产业集聚效应不能有效发挥。

3. 文化产业集聚过程中自主创新不足。一方面，企业缺乏自主创新的动因。企业缺乏创新动力，制约着产品和服务档次的提高。文化产业中中小企业居多，受企业发展战略规划和节约成本等因素的制约，企业内部没有形成自主创新的管理机制，科研开发投入机制、创新激励机制、专利发明奖励机制、职工培训制度等各个方面都不够完善。另一方面，文化产业集聚区自主创新系统培育不足。产业集聚区应该是一个自主创新的开放系统，具有优化区域内创新资源配置和协调区域间发展关系的功能。河南省文化产业在集聚过程中，缺乏对自主创新体系的培育，不能充分利用研究机构、高校等科研部门的知识和智力，高等院校、科研院所与企业之间缺乏长效的合作机制。另外，一些特色文化产业集聚区距离中心城市较远，不利于市场中介服务组织的介入，没有形成一个为创造、储备和转让知识、技能以及新产品

---

① 刘尚希，石英华，武靖州. 公共风险视角下中央与地方财政事权划分研究[J]. 改革，2018（7）.

的相互作用的创新网络系统。①

（三）文化产业品牌竞争力相对较弱。

1. 品牌知名度有待提升。河南省在全国乃至全世界有影响力的文化品牌不多。有些文化品牌发展潜力很大，但由于资金、人才、制度乃至思想认识问题，致使其发展停滞，品牌影响力有限，不能产生品牌竞争优势。同时，由于品牌推广不到位，品牌优势没有烘托出来。在市场经济条件下，一个响当当的品牌就是效益，河南文化资源丰富，但在品牌塑造和品牌扩张上还没有形成更广泛的影响力和吸引力。②

2. 文化产品附加值低。产品附加值低是竞争实力弱的重要表现。河南省大多数文化企业的产品仍然停留在技术水平低、附加值低的阶段，文化产品科技含量不高，产品创新周期较长。例如南阳独玉是中国四大名玉之一，但在加工技法上缺乏对传统加工技术的进一步创新和对玉文化价值内涵的深入挖掘，在加工方式上也多沿用传统的制作工艺，缺乏与现代先进生产方式的融合，使独玉产品在市场上的影响力和竞争力受到影响。③又如就旅游文化来说，河南省自然旅游景点很多，多数仅仅限于游山玩水，能对游客形成强烈吸引力的核心文化产品不足。再如河南省是戏剧大省，剧种较多，但是由于缺少创新，无法适应时代发展趋势，对年轻人难以形成文化吸引力，多数剧种生存状况不容乐观，没有市场竞争力，有的已濒临灭绝。

---

① 姜运仓. 河南文化产业发展的优劣势及战略选择［J］. 郑州航空工业管理学院学报，2010（4）.
② 魏崇周. 2002—2009：河南文化产业研究综述［J］. 河南社会科学，2010（2）.
③ 刘承礼. 省以下政府间事权划分与城乡基本公共服务均等化［J］. 财政科学，2019（1）.

(四)文化产业结构不合理,资源共享程度不高。

1. 文化产业结构不合理。河南省文化产业结构不合理,核心文化产业成长不够,没有发挥核心作用;传统文化产业结构比重较大,新兴文化产业规模较小、发展不够;相关文化产业相对规模较大,但科技含量较低;文化创意欠缺,知名品牌不足,品牌竞争力弱。[①] 例如,河南省文化产品和设备制造业、文化产品批发零售业和文化服务业增加值的比例为 56.5∶8.7∶34.8。文化产品和设备制造业比重过大,以新闻出版、广播影视、文艺娱乐业等为主体的文化服务业发展相对滞后,突出表现为文化创意和内容生产能力不足。文化产业各行业之间的互补性、渗透性、联动性及溢出效应未充分发挥。[②]

2. 资源共享程度不高。河南文化资源散布全省各地,并且具有多元化的特点。这样的特点使各地在文化资源的开发利用过程中,出现了以行政区划代替文化区划的现象,不少地市对自身的利益考虑过多,对文化一体化考虑较少,在文化资源的整合、利用、共享等方面尚处在无序状态。文化资源被不同部门分割使用,没有得到有效整合,相对比较孤立,难以形成合力,不能形成气势。[③] 每个地区都在各自的区域内从自己的需要出发开发文化资源,不能从中原经济区建设的全局出发统筹谋划。这样必然结果就是文化资源开发零碎,面广而散,地域分散,空间布局不合理。同时,由于各地同类项目的低水平重复建设,资源共享程度不高,造成了严重的资源浪费,各地特色文化资

[①] 高琳,高伟华,周墨.增长与均等的权衡:省以下财权划分策略的行动逻辑[J].地方财政研究,2019(1).

[②] 安宇宏.供给侧改革[J].宏观经济管理,2016(1).

[③] 卫绍生,等.河南文化发展报告(2013)[M].北京:社科文献出版社,2012.

源难以实现最有效率的配置。例如,南阳汉文化资源十分丰富,汉画像石是南阳地方历史文化的杰出代表,在国内外有较高的知名度,汉代名人遗迹众多,在保护中发掘其历史文化价值,潜力巨大。[①] 但是在实际中,汉画馆、张衡墓景区、医圣祠景区缺乏有效的协作与整合,没有形成文化资源的协同效应。这些都说明河南在发展文化产业时必须从整体出发,从全局出发,统筹规划,优化产业布局,树立"一盘棋"的思想,从文化一体化的视角来构建文化产业发展的整体合力。

(五)文化产业导向机制不完善。

1. 政策配套措施不到位。文化产业政策是引导产业发展方向,激发社会活力,促进文化产业集聚的一个重要手段。在市场经济日益完善和成熟,人们的文化消费空前增长的条件下,河南文化产业发展所面临的政策环境有了很大改善,但也存在需要进一步完善的方面。[②] 许多地市政府部门认识到了发展文化产业对促进区域经济发展的重要作用,出台了一系列的政策、规划,为区域文化产业的发展绘就了蓝图。但是,这些政策和规划往往是宏观或者战略层面的,操作性不强,特别是财政投入、税费减免、土地审批、投融资等方面的政策还需要有具体措施来保证其实现。有些地方制定规划时不能因地制宜,好高骛远,脱离实际。此外,制度供给和制度创新不足导致市场竞争主体角色不强,也制约着河南省文化产业的发展,文化行政管理机构条块分割,政出多门,职责不清,不利于协调。文化行政部门管理不到位,

---

① 陈俊秀,董文博. 文化产业的内涵外延界定——从文化产业构成要素切入 [J]. 法制博览,2014 (21).
② 张伟,周鲁柱. 我国文化产业投融资存在的问题及基本对策 [J]. 现代传播:中国传媒大学学报,2006 (4).

"缺位"和"越位"并存，政企不分、职能交叉等问题依然存在。①

2. 市场导向机制不完善。以市场需求为核心，积极引导和创造需求，方能为文化产业发展提供良好的市场导向机制。在这方面存在的不足主要体现在：一是特色文化产品创新不足，缺乏市场吸引力。河南省特色文化资源丰富，很多民间艺术如豫剧、民间歌舞等还没有完全突破原有市场的束缚，精品剧（节）目的创作力度有待加强，真正特色浓郁、市场认可、群众喜爱、有影响力的特色文化产品为数不多，对消费者的吸引力有限。② 二是文化品牌传播力度不够，缺乏市场感召力。很多地市通过举办大型招商引资节会的方式宣传推广特色文化品牌，以推进文化产业发展。但由于缺乏后续管理和维持，往往是节会时热闹非凡，节会一过冷冷清清，没有形成规范化的市场运作机制和品牌传播模式。还有的地方由于财力限制，只是依靠相关企业进行特色文化产业品牌传播的投入，力量单薄，影响力有限。三是文化资源开发水平不高，丰富的文化资源没有发挥其最大效应。一方面河南拥有丰富的文化资源，另一方面却存在着大量资源闲置浪费、效率低下、经济和社会效益不显著的现象。如宝丰赵庄的魔术、汝州的汝瓷等，都是极具经济价值的文化资源，但深度开发欠缺。四是人们的文化消费观念有待进一步引导。

---

① 吴海峰，等. 河南农业农村发展报告（2015）[M]. 北京：社科文献出版社，2014.
② 司瑞. 2015年清明上河园的数字为何如此惊人 [N]. 东方今报，2015-12-29.

二、发展的优势

（一）优越的地理区位和发达的交通条件。

河南地处中原，古称"中州"，它承东启西，连贯南北，在全国区域格局中具有难以替代的枢纽地位，有"九州心腹，十省通衢"之称，京广、陇海铁路交会于郑州，众多的高速公路、国道贯穿、交汇于境内。优越的地理位置和发达的交通，为河南发展文化产业提供了极为便利的交通条件。

（二）巨大的潜在的消费市场。①

河南是中国第一人口大省，拥有近亿人口，人力资源非常丰富，潜在的文化消费市场庞大。近年来，随着中原经济区上升为国家发展战略，河南省委、省政府"中原崛起"战略的实施，河南社会经济快速发展，人民经济收入持续增长，人们的文化消费需求日益提升，文化产业的市场前景广阔，河南文化产业面临良好的发展机遇。②

（三）文化资源优势。

文化资源是发展文化产业的基础和前提条件。河南历史悠久，拥有丰富的文化资源。可以说，中原文化是华夏文明之根，是中华文明的重要发源地。从史前期原始先民的活动到唐宋封建经济社会的全面繁荣发展，再到近代反帝、反封建革命浪潮的风起云涌，河南在中国

---

① 晁根池. 河南文化产业发展现状及出路探析 [J]. 牡丹江教育学院学报，2013（4）：151.
② 谷建全，卫绍生. 河南文化发展报告（2012年）[M]. 北京：社会科学文献出版社，2012：4.

历史上均留下了华彩篇章。① 尤其是夏商周到北宋时期，它长期处于我国社会经济文化的中心地位。全国公认的八大古都，河南据其四（安阳、郑州、洛阳、开封）；儒家文化、道家文化、佛教文化都曾以河南为中心兴盛发展；历史文化名人更是群星璀璨，有老子、墨子、王弼、何晏、玄奘、程颢、程颐等思想家，商鞅、吕不韦、李斯、晁错等政治家，张衡、张仲景、僧一行等科学家，贾谊、杜甫、韩愈、白居易等文学家，许衡、孙奇逢等教育家。河南文化积淀深厚，历史上很多重大历史事件发生于河南。② 可以说，一部河南文化史，就是一部中国文化史的缩影与精华。据统计，河南地下文物全国第一，地上文物保有量全国第二；世界文化遗产三处，国家级重点文物保护单位近二百处，省级文物保护单位上千处。河南古代文化中心地位，历史遗留给河南大量宝贵的历史文化遗产，为河南文化产业尤其是历史旅游文化产业的发展提供了得天独厚的文化平台。③

（四）政策优势。

21世纪以来，文化产业的发展越来越受到重视，党中央、国务院相继出台了关于文化产业发展的指导性意见和纲要规划，促进了我国文化产业的蓬勃发展。党的十六大提出积极发展文化产业，"支持文化产业发展，全面提高中国文化产业的整体实力和综合国力"；国家"十二五"发展规划纲要明确提出把文化产业建成国民经济的支柱型

---

① 国家发展和改革委员会. 中原经济区规划（2012-2020）[N]. 河南日报, 2012-12-03.
② 马萱, 韩学周. 我国区域文化产业竞争优势与劣势 [J]. 中国青年政治学院学报, 2012 (2).
③ 田家莉, 李继林. 中国文化产业竞争力及发展战略分析 [J]. 学术交流, 2012 (9).

产业的战略目标。面对国家产业发展结构战略的调整，河南省也适时调整了产业发展思路，2005年，河南省委、省政府制定了《关于大力发展文化产业的意见》，2006年省委第八次党代会作出了"加快文化资源大省向文化强省跨越"的战略决策。① 2011年编制《河南省文化产业项目投资指南》，加大对外招商引资的力度。2012年中原经济区建设获得中央批准，而其重要战略目标之一，是将它建成为华夏历史文明传承创新区，挖掘中原历史文化资源，加强文化遗产保护传承，培育具有中原风貌、中国特色、时代特征和国际影响力的文化品牌，2020年河南面对新冠疫情对文旅产业的冲击，在发展逆境的挑战之下，实现文化产业升级转型，培育了15家文化产业示范园区，命名10家文化和旅游消费示范示区、25家省级夜间文旅消费集聚区，提升文化软实力，增强中华民族凝聚力。

三、战略举措

（一）加快文化领域相关体制改革，进一步解放和发展文化生产力。

与经济体制改革领域已取得巨大成就不同，河南省文化体制改革还处在起步阶段，面临的主要问题依然是改革不够、文化产业发展不够。因此，必须坚定不移地推进改革、加快发展。② 在遵守党委领导、

---

① 韩永进.中国文化产业近十年发展之路回眸［J］.华中师范大学学报：人文社科版，2011（1）.
② 马华阳.河南文化产业发展现状和对策研究［J］.价值工程，2011（18）：3.

政府管理、行业自律、企业事业单位依法运营的核心原则下，进一步理顺政府与文化企事业单位的关系，按照职能清晰、产权清晰、责任清晰的原则，逐步建立与社会主义市场经济体制相适应，与社会主义政治体制相协调，与社会主义精神文明建设要求相符合的文化管理体制，促进文化事业和文化产业共同繁荣。同时，要认识到文化体制改革是一个复杂的系统工程，推进文化体制改革需要政府部门实现"三转变"，即由"办"文化向"管"文化转变，由管"微观"向管"宏观"转变，由主要管理"直属单位"向管理"社会"转变。在文化体制改革过程中，也要防止政府文化管理部门放手不管或无所适从的问题，须知文化产业的快速发展，必须重视发挥政府的作用。①

（二）加大对文化资源的整合，优化资源配置。

河南省文化资源极为丰厚，其中有很多是在国内外文化市场上占有相当分量的优势文化，但长期以来，由于河南文化生产能力不足，这些优势文化资源大量闲置，其经济价值并没有被很好地挖掘出来。②因此，实现河南由文化资源大省向文化强省跨越的关键，就是要大力整合开发这些文化优势、文化资源，既要盘活历史资源，更要不断创新，依靠科技进步来创造新的文化资源，用市场规则来培育文化产业，用经济手段来调整文化产业结构，提高资源利用效率，提高河南省文化生产力水平，达到由资源优势向产业优势的跨越。

---

① 杜超. 中原崛起与河南文化选择 [J]. 信阳师范学院学报（哲学社会科学版），2006（4）：73-75.
② 李培峰. 新时代文化产业高质量发展：内涵、动力、效用和路径研究 [J]. 重庆社会科学. 2019（12）.

(三）调整文化产业结构，加快发展重点行业。

河南文化服务业相对薄弱的问题非常突出，因此，要提升整体文化竞争力，必须适时调整文化产业结构，大力发展核心层与外围层文化产业，要在核心文化和新兴文化产业方面狠下功夫，特别是要大力扶持和培育新兴文化产业。① 针对河南文化产业发展薄弱的问题，应大力发展旅游业，将文化旅游打造成为河南国民经济支柱产业；应充分发挥文化艺术休闲娱乐服务业的龙头作用，做大做强出版发行和版权服务业，出版单位可以集约化为重点、集约化与专业化并举、大中小出版单位协调发展；将传媒业作为文化产业发展的重点，推进传媒集团跨地区、跨媒体、跨行业发展，将河南建设成现代传媒产业强省；鉴于动漫产业前景广阔，应将其作为重点打造行业，从动漫产品的研发做起，运用电子出版、数字影视、网络传输等现代技术大力发展动漫产业。②

（四）加强高科技与文化的联姻，推动新兴文化产业的发展。

就文化产业的发展来看，科技是载体，文化是灵魂，两者缺一不可。离开了科技创新，文化产业就失去了前进的动力，同样，离开了文化创新，文化产业就没有了灵魂，正是科技与文化的有机融合，才共同推动了文化产业的发展，特别是在今天国际文化产业竞争日益激烈的情况下，数字化、网络化已成为其发展的必然趋势。③ 鉴于河南

---

① 国内外案例视角探讨档案：助力文化旅游的必要性与可行性［J］.档案与建设，2019（11）.
② 陈慧英，陶丽萍."二元空间驱动型"高校文化产业管理复合型人才培养模式内涵解析［J］.当代教育实践与教学研究，2019（21）.
③ 中共河南省委河南省人民政府印发《河南省建设文化强省规划纲要（2005—2020年）》的通知［N］.河南日报，2005-10-08（01）.

新兴产业只有较低的比重，应优先发展高科技文化领域，对传统文化产业进行改造，从而推进信息产业以及文化产业的有机融合。支持新兴产业的发展，采用当代信息技术，持续地增加网络服务功能，提升文化服务的品位，加强文化产业的科技含量，使得河南文化产业步入以科技为导向的可持续发展道路。①

（五）拓宽投融资渠道，为文化产业发展提供资金支持。

充足的资本才能使产业获得持续的发展。长期以来，河南对文化事业没有足够的重视，有较多的欠账，而且文化设施也不先进。② 在文化产业的固定资产方面，存在较小比重以及较少的投资总量。河南省的文化产业在发展中的"瓶颈"就是资金的缺乏。要想发展文化产业只是靠国家财政的投入是不能解决的，应该消除约束文化产业发展的投资体制障碍，建立健全以国有资本为导向的新型文化投融资体制，从而为文化产业的发展奠定坚实的基础。③

（六）加强人才培养，培育文化产业队伍。

文化产业是高技术与高文化高度结合的领域，河南文化产业能否快速发展壮大，成为河南的支柱产业，归根到底是人才，因此，发展河南文化产业要牢固树立文化人才是第一文化资源的观念，尊重劳动、尊重知识、尊重人才、尊重创造，建立充满生机与活力的人才机制，营造有利于人才成长、施展才华的良好环境。应设立文化产业研

---

① 卫绍生. 河南文化发展报告：2014 [M]. 北京：社会科学文献出版社，2014.
② 刘洋. 以改革强筋骨以创新促发展河南文化产业阔步向前 [N]. 河南日报，2015-05-13.
③ 李孟舜，2014年河南动漫产业发展报告 [M] //卫绍生. 河南文化发展报告：2015. 北京：社会科学文献出版社，2015.

究机构，开设文化产业相关专业，培育出河南文化产业急需的专业人才和管理人才，努力解决文化人才队伍总量不足、结构不强，特别是高层次、高技能、复合型、外向型文化人才短缺的问题，培育、引进具备较高文化艺术素养和创新思维，并且具有现代文化产业经营管理理念和经验的复合型人才，形成有竞争意识和成效能力的精干文化产业队伍。

第七节 深圳

一、主要成就

深圳文化产业高速发展取得了令人瞩目的成就并形成了自己的特点，主要体现为以下几个方面。

（一）发展速度快，支柱产业地位日益牢固。

40多年来，深圳文化产业伴随深圳的高速发展而发展，其核心及相关产业总量规模稳步扩大，特别是2013—2018五年来，深圳市文化及相关产业更呈现爆发式增长态势，在推动转变经济发展方式和经济高质量发展方面发挥了越来越明显的作用，支柱性产业地位不断巩固。根据深圳市第四次全国经济普查结果显示，2020年末，全市有文化及相关产业法人单位112130个，比2013年末增长281.1%；从业人员104万人，比2013年末增长14%；资产总计14386亿元，比2013

年末增长152%；全市文化及相关产业增加值为1996.11亿元（规模以上增加值为560.52亿元），比上年增长6.3%，比2013年增长144.9%，占GDP的比重为7.90%，比2013年提高超过2个百分点。①

（二）市场主体多，产品供给能力强。

统计显示，截至2018年，深圳市共有文化产业法人单位10.2万个，从业人员102.9万人，资产总计13776.7亿元，营业收入9488.4亿元，主营业务收入7832.7亿元。其中，腾讯、天威视讯、A8音乐、劲嘉彩印、中青宝网等40多家文化企业分别在境内外上市。规模以上企业单位数为2775个，从业人530375人，资产总计10990.2亿元，营业收入达7984.2亿元。②总体看，市场主体快速增长，产品供给能力不断增强。③

（三）综合实力强，综合排名全国前列。

从文化产业的主要发展指标看，2018年深圳文化产业综合实力居广东省第一名，全国"一线城市"第三名，"副省级城市"第一名。2018年深圳文化及相关产业增加值（1996.11亿元）虽然还低于上海（2193.08亿元），但是已经超过广州、香港，位居全国第三，其占GDP的比重（7.9%）则仅低于北京（9.6%），位居全国第二。法人

---

① 关于深圳文化及相关产业的增加值及其与2013年的比较，此处采用了《中国文化及相关产业年鉴2019年》数据及公众号"深圳发布"2019年4月15日发布的数据。
② 国家统计局，中宣部.2019中国文化及相关产业统计年鉴[M].北京：中国统计出版社，2020.
③ 王为理.从边缘走向中心——深圳文化产业发展研究[M].北京：人民出版社，2007：31-36.

单位数、从业人员数也以 10.23 万个，102.94 万人位居第二。① 总体看，深圳文化产业的规模正从全国排名第三发展为排名第二。值得一提的是，自 2018 年开始，《中国文化及相关产业统计年鉴》开始发布全国 15 个副省级城市文化产业的主要指标数据。根据《2019 年中国文化及相关产业统计年鉴》发布指标数据，深圳除文化服务业数据略逊于杭州外，其余指标均为全国副省级城市第一。② 当然，作为一种以文化内容为核心竞争力的特殊产业形态，文化及相关产业的经济指标、量化指标并不能完全说明文化产业的实力。文化产业的实力也常常表现为非经济指标和非量化指标，甚至作为一种精神文化内容而难以用指标衡量。此外，即便就量化指标而言，各城市在进行文化产业统计时也存在对口径认识不一、计算时的差异等。2018 年上海的文化及相关产业法人数仅为 4.47 万个，从业人员仅为 68.9 万人，深圳相应指标则高达 10.23 万个、102.94 万人，这明显与一般对上海文化产业发展状况的常识性认识是不大符合的。③ 换言之，这一组数据表明两地在统计方法上存在很大差异。总之，深圳不应因为一时的数据领先而过于骄傲自满。

（四）产业门类齐全，特色明显，现代产业体系基本形成。

深圳在发展文化产业中，充分尊重和发挥市场在产业资源配置上

---

① 毛少莹．深圳文化产业 40 年发展历程及主要成就［J］．深圳社会科学，2020（5）：146-157．
② 竺杏月，李双双．全面开放新格局下中国文化产业国际竞争力比较研究［J］．社科纵横，2019（12）．
③ 毛少莹．公共文化政策的理论与实践［M］．深圳：深圳报业集团出版社，2008：104．

的决定性作用，注重创意引领和科技支撑，逐步培育起创意设计、动漫游戏、文化旅游、高端印刷、黄金珠宝、文化会展等多个具有较强竞争优势的行业，初步构建了较为齐全的产业门类，形成了"文化+科技、文化+金融、文化+旅游、文化+贸易"等特色，现代产业体系基本形成。① 其中，作为国内第一个被联合国教科文组织认定的"设计之都"，深圳平面设计、工业设计、建筑设计、室内装饰设计、服装设计等行业在国内具有较大的竞争优势，占全国较大市场份额。动漫和游戏业起步早，发展快，涌现腾讯、华强动漫、环球数码、创梦天地等多家具有较强竞争力的龙头企业。文化旅游业引领国内潮流，华侨城、华强方特连续多年入选"全国文化企业30强"，其主题公园入园人数分别位居全球第四和第五。② 深圳印刷行业产值稳居全国首位，裕同、劲嘉、雅昌等多家企业入选"全国印刷企业百强"，其中裕同科技先后获得了2016年、2017年中国印刷包装企业100强第一名。黄金珠宝业集聚效用强，深圳目前是国内最大的黄金珠宝生产基地，占据了国内60%以上的市场份额。在深圳拥有的超过10万家文化企业中，涌现了如腾讯、华侨城集团、华强方特、雅昌等一批龙头文化企业。③ 华侨城、华强方特等连续多年入选"全国文化企业30强"。深圳与相关部门、机构联合搭建的"中国国际文化产业博览交易会"、深圳文化产权交易所、中国文化产业投资基金等5个国家级产业平台

---

① 陈少峰，黄文，侯杰耀，等. 中国文化产业四十年 [M]. 杭州：浙江工商大学出版社，2020.
② 陈昱. 走进创意周、走近创意城：成都的城市内生增长新路径探索 [J]. 中国会展，2019 (23).
③ 夏兰. 我国文化产业经济效益分析及提升对策 [J]. 纳税，2019 (34).

的影响力日益扩大。其中"文博会"成功举办了 15 届,是全国唯一国家级、国际化、综合性文化产业展会,成为引领中国文化产业发展的重要引擎和推动中华文化走出去的重要平台。①

(五)产业结构不断优化,质量不断提升。

如前所述,深圳文化产业曾经有相当长一段时间较低端的文化制造业占比较大。根据 2018 年数据,这一结构发生了根本性的变化——2018 年文化制造业增加值为 505.81 亿元,占文化及相关产业增加值的比重为 25.3%;文化批发零售业增加值为 152.79 亿元,占文化及相关产业增加值的比重为 7.7%;增加值为 1337.51 亿元,占文化及相关产业增加值的比重为 67.0%。文化服务业占比提升较快,文化核心领域贡献较大,成为我市文化产业的主要成分。② 此外,这一变化从其行业组成也可看出,按照国家统计局文化及相关产业统计指标,2018 年深圳文化产业核心领域实现增加值 1433.36 亿元,占文化及相关产业增加值的比例为 71.8%;文化产业相关领域实现增加值 562.75 亿元,占文化及相关产业增加值 28.2%。两组数据显示的深圳文化产业中服务业占比、文化核心领域占比的不断提升,表明了深圳文化产业结构的不断优化和产业质量的快速上升。③

---

① 张博. 大众文化消费幸福感下的文化创意产业发展探析 [J]. 经济研究导刊. 2019 (34).
② 张娜,徐童,葛学峰. 产业融合背景下"旅游+文化 IP"融合路径研究 [J]. 对外经贸,2019 (10).
③ 徐勇. 拉动城市夜间文化消费的调查和思考 [J]. 科学发展,2019 (12).

（六）数字文化产业等新业态发展速度快，正形成文化科技的深圳优势。

多年来，依托高科技城市建设优势，深圳率先探索出"文化+科技"的发展模式，使文化产业在促进经济转型升级和结构调整中发挥出重要的示范作用。尤其是深圳坚持创新驱动战略，将"文化"与"互联网"作为两大驱动力，推动深圳数字文化产业快速发展。随着腾讯等互联网龙头企业的不断壮大，深圳动漫游戏、网络文化产业（包括网络音乐、网络文学、网络表演、网络剧）、数字文化装备产业、数字艺术展示产业、虚拟现实产业、混合现实娱乐、智能家庭娱乐等发展迅速。总体看，深圳数字文化产业等新型业态占比较高。[①] 深圳新发布的《关于加快文化产业创新发展的实施意见》更提出，将推动深圳市数字文化、创意设计、时尚文化、文化旅游等新型业态到2025年占比超过60%。文化科技的深圳优势正在形成。[②]

（七）文化外贸规模不断扩大，成为我国对外文化贸易和中华文化"走出去"的重要口岸。

深圳是我国重要的口岸城市，外贸额长期居全国第一，在文化产品出口方面也位居全国前列。早在2013年，深圳的核心文化产品和服务出口已占到全国的六分之一。[③] 根据商务部披露的数据，2017年，我国文化产业及服务进出口额1265.1亿美元，同比增长11.1%，其

[①] 深圳市统计局、深圳市社科院. 深圳市文化产业统计数据及分析报告［R］. 内部资料，2018（12）.

[②] 国家统计局，中宣部. 2019中国文化及相关产业统计年鉴［M］. 北京：中国统计出版社，2020.

[③] 深圳文化出口居前列 核心文化产品和服务出口占全国六分之一［R/OL］. 人民网，2014-05-16.

中，包括深圳在内的东部地区占比高达93.4%，①深圳已经成为我国对外文化贸易的黄金口岸和中华文化"走出去"的桥头堡。随着国务院《关于加快发展对外文化贸易的意见》系列政策的出台，我国对外文化贸易发展将会迎来又一个春天。深圳对外文化贸易也即将迈入一个快速发展的时期。

二、存在问题

由于深圳文化产业的发展时间不长，从整体上看，目前还处在形成期，在快速发展的同时，主要存在以下几个问题。

（一）集群创新能力不足，产业加工性明显，价值链缺失。

深圳由于具有毗邻香港的地理优势、较好的产业基础和相对宽松的产业政策，承接了香港的文化产业转移。②为了降低成本，一批香港印刷企业、动漫企业、文化工艺企业等文化产业企业迁居深圳，并在相应的产业集群中充当了龙头作用。这些港资文化企业大多采用"两头在外"的生产模式，深圳主要是充当加工作用。其他大多数民营文化企业的创新能力就更加低下，大多靠"代工"生存。深圳的文化产业处在价值链的低端，产业链条短，利润微薄。例如，大芬油画村的原创画家极少，绝大部分画师和画工从事油画的行画生产，只能

---

① 商务部：2017年文化产品和服务进出口总额同比增11.1% [R/OL].中国经济网，2018-02-08.
② 曾贵.深圳文化创意产业集群发展的问题与对策 [J].广东经济，2010 (8)：25-29.

获得15%左右的加工制作收入，大部分利润流入香港和国外油画经销商手中。① 深圳怡景动漫基地主要承接迪士尼等国外动画企业巨头的动画加工业务，原创动画比例很低。据统计，2005年，深圳动画制作企业完成原创动画连续剧204集（计2563分钟），加工动画连续剧2410分钟，动画加工业务量占总业务量的48.46%；2006年制作完成动画电影1部（90分钟），完成原创动画连续剧23部共400集（计6125分钟，包括2005年立项的片子），加工动画连续剧4220分钟，动画加工业务量占总业务量的40.65%。② 港资动漫企业比如环球数码、翡翠动画等大型企业，动画加工的收入占据这些企业收入的80%以上。动画加工目前是大多数企业的主要收入来源，企业一般依靠动画加工收入来对原创动画制作进行投入。

（二）互补性资产不足，配套支撑体系有待进一步完善。

互补性资产对文化产业集群效应的发挥具有关键作用，充足的互补性资产是文化企业实现创新利润的保障。深圳文化产业集群的互补性资产不足，影响和制约了集群的发展。互补性资产相对于企业内部的核心能力和专有资产，是企业实现创新到利润转换所必需的其他能力和资产。③ 北京大学王缉慈教授利用内部和外部互补性资产的概念，

---

① 彭立勋. 改革开放与城市文化发展——2009年深圳文化蓝皮书［M］. 中国经济科学出版社，2009：400，388，389.
② 李蕾蕾，张晓东，胡灵玲. 城市广告业集群分布模式——以深圳为例［J］. 2005（2）：261.
③ 王缉慈，等. 创新的空间：产业集群与区域发展［M］. 北京：北京大学出版社，2001：15-18.

分析了深圳动漫产业互补性资产缺乏及其对深圳动漫产业集群发展的影响。① 王教授认为，与美国、日本的动漫产业相比，正是因为深圳动漫产业集群缺乏制造、营销、顾客服务、财务资源等众多特质互异的企业内部互补性资产和衍生性产品研发、制造和营销等企业外在互补性资产，深圳动漫产业才只能集中在动漫生产价值链的制造环节，其中的市场策划和衍生产品开发环节都在国外完成。② 此外，深圳个别文化产业园区和基地的建设不排除其目的是为了圈地以发展房地产，或者追求政绩，集群内企业的关联性很低。这种文化产业园区被学者批评为只有势能的园区。深圳大部分文化产业集群内部的教育培训、研究机构、协会、中介机构等配套支撑体系还没有建立起来，缺乏公共服务平台，导致企业难以获得政策、市场和行业信息，也难以开展同上下游企业和平行企业的交流，物流、服务、技术等资源无法共享。③

（三）内部分工协作不足，人才缺乏，集群效应没有得到充分发挥。

一方面，因为文化产业集群相关支撑机构和服务尚未完备，良好的集群生态没有形成，导致深圳文化产业集群的内部企业彼此之间联系不密切，没有形成分工合作网络。④ 例如，深圳印刷企业大多呈集

---

① 王缉慈，梅丽霞，谢坤泽.企业互补性资产与深圳动漫产业集群的形成——基于深圳的经验和教训 [J].经济地理，2008（1）：52.
② 王缉慈.创意文化产品的孵化场所：集群对比园区 [J].深圳文化研究，2007，（2）：29-33.
③ 刘展展.深圳市文化产业空间布局及区位因素研究 [J].特区经济，2009（3）：40.
④ 吕挺琳.自组织视角下文化产业集群的优越性与演进 [J].经济经纬，2008（6）：34-36.

中分布，但顶多只是集群的初级形态——产业集聚，这些印刷企业追求"大而全"或"小而全"，除了在业务繁忙时存在的业务分包合作外，几乎没有其他生产和创新联系。① 另一方面，在深圳文化产业集群蓬勃发展的同时，创意人才缺乏成了制约集群发展的瓶颈。尽管在与香港和国外文化企业开展代工合作的过程中，培养了一些熟悉国际行情的高级人才，但从整体上来看，深圳文化产业人才的数量和质量远远不能满足现实需求。目前，深圳文化产业从业人员文化程度整体偏低，学历结构集中在大学本科学历以下。与此同时，由于深圳房价高企，消费指数相对较高，现有的文化产业人才流失严重，许多动漫、设计等方面的人才流向别处，这进一步降低了深圳的人才存量。人才缺乏制约了文化产业竞争力的提高。内部分工协作不足以及人才缺乏，影响了集群效应的充分发挥。

（四）以文化创意产业的概念为名打造商业地产。

很多民营资本投资建设文化产业园区，表面上是文化产业园区，实质上是在做商业地产，引进园区的企业很多不是文化企业，而是餐饮服务业，地产经营收入所占比重远超过文化创意产品和服务的比重。②

（五）产业链条不完整，同质竞争激烈。

产业园区引进的企业多数属于产业链的同一环节，企业之间不具

---

① 童泽望，郭建平. 文化产业集群竞争力的提升路径研究 [J]. 科技进步与对策，2008（11）：91-93.
② 陈丽娜. 深圳文化产业集群发展的现状、形成动因与模式研究 [J]. 特区经济，2013（8）：30-33.

有互补性，彼此之间同质竞争激烈，最终导致文化企业流失。①

（六）缺乏实质意义上的产业集聚。

产业园区只有一家主体公司，园区实际是某企业的总部或者办公楼，并没有实质意义上的文化企业聚集。②

（七）园区基础设施投入过大增加经营成本。

园区投入巨资建立大规模硬件设施，以形成复合型统一的文化产业集群，导致运营成本和物业租金成本增高，许多成长中的企业被排斥在外。同时园区内房产经营者，凭借优惠政策，炒作房产租金，无形中抬高了文化企业入驻的门槛。③

三、发展对策建议

（一）文化产业相关政策应向调整、扶持、引导并重方向发展。

党的十八大以来文化产业发展的动力机制，"从以产业政策推动为主，市场内生动力为辅的阶段，走向以开放市场、调动市场内生动力为主，以产业政策干预推动为辅的新阶段"。④ 党的十九大报告明确提出，要"健全现代文化产业体系和市场体系，创新生产经营机制，完善文化经济政策，培育新型文化业态"。要求文化产业政策引导的

---

① 刘展展. 深圳市文化产业空间布局及区位因素研究[J]. 特区经济，2009（03）：39-41.
② 张连业，杜跃平. 基于地域文化的产业集群文化培育[J]. 西北农林科技大学学报（社会科学版），2007（07）：51-55.
③ 章可. 文化产业园区"深圳模式"对武汉的启示[J]. 学习与实践，2008（10）：152-156.
④ 任珺. 深圳文化产业发展现状及对策建议[J]. 开放导报，2018（1）：109-112.

重心——由规划布局和鼓励扶持转向追求质量和双效统一。① 从2012-2016年深圳地方财政文化体育与传媒支出情况来看，文化体育与传媒支出占财政支出比例，近几年呈下降趋势，这可能是造成文化事业建设与文化产业发展滞后的原因之一。② 建议深圳增加在文化领域的财政投入，与地方经济社会发展同步，建设与深圳经济发展相匹配的城市文化。尽管多渠道的文化产业投融资体系已初步建立，但金融资本、社会资本与文化资源相结合还需进一步深化，建议文化产业专项资金引入市场化运作模式，通过参股基金等方式，提高资源配置效率。

（二）加强文化产业中文化资源的创造性转化和创新性发展。

面对"人民日益增长的美好生活需要和不平衡不充分的发展之间的矛盾"，文化供给提质增效应作为提升公民素质和人民生活幸福感的一个重要方面。这也是对文化产业未来发展的新期待。③ 当前内容生产方面，文化产业整体上还存在传统文化资源创造性转化和创新性发展能力不够，整合全人类优秀文化资源能力不足等困境。建议政府积极与龙头文化企业合作，推动优秀传统文化融入生产生活，鼓励企业增强整合全球文化资源的创新能力。针对本地文化消费市场需求拉动乏力的问题，建议将推进生活性文化服务业发展与引导新的文化消费习惯并重，注重与社会服务相结合，鼓励社区经济注入文化生产、消费与生活融合场景，促进本地居民文化消费的提升与繁荣。④

---

① 邝伟轩. 港创业风气输深圳学者：两地结合天下无敌 [N]. 香港商报，2017-02-16.
② 王莉英. 多类资助项目推动企业转型升级 [N]. 深圳特区报，2017-12-14.
③ 吴劲军. 深圳文化产业发展中的金融支持 [J]. 中国金融，2012（2）：78.
④ 晓波，刘晓哲. 2016年上市文化企业报告出炉 [N]. 文创中国周报，2016-11-11.

(三)创新传统文化行业发展路径,适应时代发展。

当前传统文化行业在资源使用效益、创新活力及竞争力方面存在不足,面临产能过剩与供需错配等问题,亟须向高质量、集约化方向发展。① 以数字化和网络化为特征的文化产业发展新阶段已来临。新一代信息技术推动了以用户创新、开放创新、大众创新、协同创新为特点的创新 2.0 模式的形成,从而改变了全社会的思维、行为和生产、工作、生活方式;同时也催生了以现代数字技术和移动互联网为核心支撑的文化新形态、新业态竞相涌现。文化产业迭代升级需要适应这种变化,实现与"互联网+"的有效对接。然而,在强调技术创新力量的同时,我们也不能忽视整个社会价值体系的塑造及文化价值观念的传播均融入文化生产、消费过程中。"文化+"的核心仍然是文化内容,即便在互联网繁荣及自媒体兴起的今天,线性的、移动性的文化服务及产品也是"内容为王"。② 建议深圳文化产业政策转向以鼓励创新活力为重点,聚焦文化内容生产活动的扶持,支持文化产业为消费者提供更多选择,以高质量供给满足人民群众日益多层次、多元化的精神层面需求。

(四)推动粤港澳大湾区文化产业竞合发展。

粤港澳大湾区要想在国际产业分工体系中占据产业链的有利生态位,还需提升科技创新能力,引领产业转型升级,其中文化产业的创新发展是培育区域新经济动能的重要路径之一。③ 粤港澳大湾区内各

---

① 深圳市统计局. 2016 年深圳市国民经济和社会发展统计公报 [Z]. 2017-04.
② 张晓明. 文化产业的新形势新思路新战略 [J]. 人民论坛, 2017 (2): 96-97.
③ 金元浦. 我国当前文化创意产业发展的新形态、新趋势与新问题 [J]. 中国人民大学学报, 2016 (4): 2-10.

城市文化产业发展还不均衡。深圳、广州与香港文化产业在市场竞争力、创新能力、文化产业规模、人力资源及资本等方面均表现突出，处于湾区第一梯队。澳门、东莞、佛山、惠州、中山、江门、珠海、肇庆等其他城市，其文化产业无论从规模还是从GDP占比来看，都与第一梯队城市相距甚远，存在人才、资本等生产要素短缺等问题。[①]建议推动湾区内各城市文化产业竞合发展，创新合作机制，最大程度整合湾区内各自优势资源，促进人流、物流、资金流、信息流的高效流动，推动政府与民间的良性互动，以形成极具竞争力的区域市场，共同拓展文化产业更为广阔的发展空间。

第八节 重庆

一、主要问题

（一）综合实力不强，文化产业尚未成为支柱产业。

文化产业在沿海经济发达地区，特别是大城市尤为迅猛。以北京、上海、长沙为例，其文化产业早在1998年增加值就已经占全市GDP的比重为4.4%、4.3%和5.94%。据1999年5月北京市统计局对所圈定的北京25类文化行业中的13类主要文化行业进行统计显示，至

[①] 深圳市统计局.深圳市社会科学院.深圳市文化产业统计数据及分析报告2017[R].2017-12.

1998年，所创造的增加值已达87.9亿元，占全市GDP的4.4%。如果再加上旅游业所创造的增加值，总值将达到281.2亿元，占全市GDP的14%。[①] 而重庆在2004年全市文化产业增加值仅占全市GDP的2%，低于沿海发达省市的水平。

(二) 经营单位多，产业集约化程度低，资源分散，效益不高。

资源分散和集约化程度低的问题在新闻出版和广播影视业中表现得极充分。据2004年统计，重庆市有133种期刊，每期平均印数281万册。报纸45种，每期平均印数293万份。在这些众多的刊物、杂志中，在全国发行的数量不多，在全国有影响的核心期刊较少。[②] 旅游行业方面，重庆旅游文化资源丰富，巴渝文化、三峡文化、抗战陪都文化、山水文化、民俗风情以及独特的自然山水文化等各方面充分体现了重庆在发展旅游文化方面的优势。但重庆在开发、利用这些资源上却是零零星星、分散地进行，导致旅游景点多，但是品位却不高。[③]

(三) 体制机制不活，文化资源条块分割，市场主体塑造缓慢，产业发展水平不高。

发达国家文化产品的生产、销售，已经形成了一套与其市场经济体制相适应、成熟的市场运作模式，从市场到前期调研，到全球销售网络建立，到市场信息反馈都有企业把握在筹，而在以顾客为中心，以市场为导向的方面考虑不尽完善。出现资源配置机制混乱，条块分

---

① 周庆行，杨玉芝，袁辉. 重庆市文化产业发展现状探析 [J]. 重庆科技学院学报 (社会科学版)，2008 (6)：75-77.
② 陈斌. 中国农村民间金融安排的理性分析 [J]. 调研世界，2005 (4).
③ 杜晓山. 中国小额信贷十年 [M]. 北京：社会科学文献出版社，2005 (5).

割和行业壁垒与市场化要求之间的矛盾仍然困扰着重庆的文化产业发展。①

（四）文化原创能力不足，资源潜力转化缓慢，产品科技含量不高，创新能力不强。

从生产要素的角度看，重庆的文化资源异常丰富，至今还存在着许许多多历史文化遗址、遗迹，还有各种类型的自然地理、人文地理景观；图书馆、博物馆里保藏着数以百万计的艺术珍品、典籍和文物；但是仅仅满足于此显然落后于时代。②当今世界，文化已经具有原生形态、经济形态和技术形态，新兴文化产业得益于资本市场和信息技术两驾马车拉动，才有了前所未见的高速度，才将大批文化资源转化为产业和财富。重庆文化事业在应用高科技和资本融资方面显得被动和迟钝。③发达国家的文化产业多由资金实力强大的报业、广播电视和影视集团所控制，而且已经形成比较完善的融资体制。重庆的文化产业组织化、集约化程度低，规模小，仅从报刊行业来看，大多数报刊行业质量较差，实力弱，性质趋同，普遍处于一种底水平的竞争状态。④

（五）精品、人才缺乏，制约重庆文化改革和发展。

文化产业是一种高文化含量、高科技含量的智能产业，需要高素

---

① 杜晓山，孙若梅.中国小额信贷的实践和政策思考［J］.财贸经济，2000（7）.
② 崔鑫，蒋峰.关于实现小额信贷可持续发展的思考［J］.时代金融，2006（7）.
③ 张小琴.我国农村金融发展对农民收入增长影响的实证分析［D］.天津财经大学硕士学位论文，2006.
④ 崔慧霞.农村经济发展中的民间金融及其作用［J］.河南金融管理干部学院学报，2005（2）.

质的人才,尤其是懂得经营管理的复合型管理人才。重庆在这方面仍呈捉襟见肘的状态,尤其是既熟谙文化发展内在规律,又了解世界文化艺术发展趋势;既掌握 WTO 游戏规则,又懂得经济全球化条件下经营之道的优秀管理人才匮缺。①

二、发展现状

据统计,2016 年重庆文化产业增加值为 615 亿元,增速为 13.67%,占全市 GDP 比重 3.5%;2017 年,重庆文化市场主体首次突破 10 万家,全市文化产业增加值为 662.94 亿元,为建设文化强市迈出了坚实的步伐。然而,我们也清醒地看到,重庆文化产业总体发展仍然存在短板,与发达地区相比,与建设文化强市的要求相比,与满足人民群众对文化生活的美好需求相比,都还存在不小的差距。②

(一)总体规模偏小,尚未形成产业支柱。

重庆文化产业总体规模远不及经济发达的北上广,与省域市场更大的"邻居"川湘陕相比也有一定差距。例如,2016 年重庆文化产业实现增加值仅为 615 亿元,占 GDP 比重 3.5%;同期北京增加值为 3570.5 亿元,占 GDP 的 14.3%;广东增加值为 4256.63 亿元,占 GDP 的 5.26%;四川增加值为 1323.78 亿元,占 GDP 的 4.02%;湖南增加

---

① 高希武. 论农村金融在农民收入增长中的作用 [D]. 南京师范大学硕士学位论文, 2004.
② 赵君辉,刘琳. 重庆文化产业品牌发展现状及对策研究 [J]. 新闻研究导刊, 2018 (1): 17-18.

值为 1911.26 亿元，占 GDP 的 6.1%；陕西增加值为 802.52 亿元，占比 4.14%。[1]

(二) 市场主体偏弱，资源整合能力不强。

尽管重庆已有一批全球知名企业，包括万达文旅城、六期乐园、华侨城等相继落户，但目前重庆文化企业 95% 以上仍为小微企业，全市产值 1 亿元（含）以上的文化企业不足 100 家，至今没有收入上百亿的文化企业，规模以上文化企业不足 1000 家，尚无一家企业入选"全国文化企业 30 强"，全国新三板挂牌文化企业约 700 家，A 股上市文化企业 200 多家，重庆仅有 16 家民营文化企业在新三板挂牌，国有文化企业还未实现上市零突破。[2] 市场主体竞争力较弱，资源整合能力不强，是重庆市文化产业发展的一大痛点。

(三) 文化产业品牌缺失，成为重庆文化产业发展瓶颈。

近年来，重庆市文化产业品牌建设正在逐步推进，并取得了一定的成效。例如，2017 年重庆获评"中国十大数字阅读城市"，原创舞剧《杜甫》荣获中国舞蹈最高奖"荷花奖"，电影《血战湘江》、电视剧《绝命后卫师》和广播剧《宝贝回家》三部作品荣获中宣部"五个一工程奖"，重庆日报报业集团"中央厨房"获国内新闻技术领域最高荣誉——"王选新闻科学技术奖"，《重庆日报》"逐梦他乡重庆人"报道获第 27 届中国新闻奖新闻名专栏一等奖，8 种报刊入选"全

---

[1] 中国互联网络发展状况统计报告 [DB/OL]. http//www.cnnic.net.cn/hlwfzyj/hlwxzbg/hlwtjbg/2017-01-22.
[2] 陈国权. 传统媒体的未来 [J]. 编辑之友, 2007 (1): 26-30.

国百强报刊",2种期刊入选"全国期刊数字影响力100强"等。① 但整个文化产业品牌建设总体上还处于粗放阶段。虽然除四大国有文化产业集团的品牌影响力不断扩大外,民营文化企业也涌现出如猪八戒网、享弘影视、软岛科技、五洲传媒、维普资讯、西演集团、壹秋堂夏布、雅屿陶瓷、微品传播等一批在国内较有知名度的文化产业品牌,但仅有猪八戒网上榜第九届"全国文化企业30强"提名企业名单。重庆依然缺乏世界知名的文化公司和文化品牌。②

三、对策

（一）科学规划，明确重点和主攻方向。

发展文化产业必须遵循市场经济规律，要本着总体规划，打好基础，整体推进，重点突破的思想，制定文化产业发展规划。着力培养几条主要的文化产业链，如报业链、影视链、图书音像链、出版链、文化娱乐链、文化旅游链等。③ 如旅游产业是一个跨部门、跨行业的混合型产业，关联度大，涉及面广，而且诸多关联因素中最关键最根本的是文化。根据重庆市资源特点、产业基础和市场前景，重庆文化产业发展的重点和方向是：努力把重庆主城区建成区域性文化中心城市；加快发展新闻出版业、广播电视业、文化娱乐业、体育竞技业等

---

① 邵培仁. 关注未来媒介发展变化的大趋势 [J]. 当代传播（卷首语），2014（02）：1.
② 王润珏，冉华. 从"价值转移"到"价值回归"——论数字化背景下传统报业发展的价值取向 [J]. 中国媒体发展研究报，2010（10）：299-304.
③ 彭寿清. 论重庆文化产业发展的现状与对策 [J]. 经济地理，2005（5）：348-351.

四大产业;加快培植壮大重庆广播电视集团、重庆出版集团、重庆报业集团等十大龙头文化企业;高水平建设一批标志性文化设施,开发形成一批特色文化旅游产品。① 力争到 2020 年,全市文化产业增加值达到 1600 亿元,占 GDP 的 7%。重庆发展文化产业的范围很广,内容丰富多彩,关键是要根据自身的条件和优势,选择好自己的主攻方向。在此基础上,遵循经济发展规律,引入现代企业运行机制,形成符合文化产业发展规律,以及与社会主义市场经济相适应的管理机制、投资机制和运行机制。②

(二) 突出特色,培养区域特色文化。

重庆有地方特色的文化现象有 20 多种,这些民间文化有的历史悠久,有的在全国独一无二,非常珍贵。我们要在搞好文化资源普查的基础上,分门别类,择优扶强,形成独具地方魅力的特色文化群体。③ 特别是重庆作为一座历史文化名城,首先应利用好这一传统文化资源,大力加强文化资源的调查、评估和开发规划,注重重庆文化文脉的延续。重庆文化资源得天独厚,富甲一方,尤其是三峡文化走廊连缀起一串耀眼的明珠,著名的有大足石刻、钓鱼城、陪都遗址、名山鬼城、石宝寨、张飞庙、白鹤梁、巴人悬棺等。火锅文化、铜梁龙文化、山城夜色等也享誉全国。重庆必须利用好这些珍贵的文化资源,与旅游联姻,壮大文化产业。近几年来,重庆根据史料恢复和重建 47 个文化遗址和人文景点,初步形成了自然风光、人文景观相融合的都

---

① 郑百灵,周荫祖. 关于我国文化产业发展的若干思考 [J]. 当代财经,2002 (9):51-55.
② 叶朗. 文化产业与我国 21 世纪经济的发展 [N]. 中国读书报,2002-09-18.
③ 袁麒麟. 涪陵:文旅融合晒福地 [J]. 重庆与世界,2019 (12).

市旅游区。据2000年旅游统计资料显示，在2600万游客中，有2340万游客游览了文化旅游景区（点），约占游客总数的90%，充分显示了旅游文化联姻的重要性。特别是旅游文化节日庆典资源的开发已经成为世界文化教育产业发展的一个重要方向。① 一个地区或部门往往利用自己的优势项目开展文化节庆活动，而文化节庆又反过来强化了优势项目，并形成带动一方经济腾飞的品牌和龙头。近两年来重庆市饮食文化节、竹文化节、电脑文化节、服饰文化节、家居文化节、柑橘文化节、名人文化节等络绎不绝，几乎每一个文化节都带来了直接或间接的经济效益。②

（三）发挥优势，围绕优势做文章。

重庆的优势主要表现在四个方面：区位优势。地处中西部过渡地带，历史文化教育沉积深厚。人才智力的优势。文化人才数量比较多，层次高，只有把人才资源的优势充分发挥出来，就能促进文化事业的发展。基础设施的优势。宣传舆论功能强、媒体多的优势。重庆应该拥有大师级的文化名人，应该像深圳市和海南省那样引进一批全国著名的作家、学者和文化产业经营者，籍借大师名人的无形资产，陆续创办几个在全国享有盛誉的人文社科刊物，并尽快设立一所综合性大学以提升本地区的人文科学地位。③ 与此同时，还要大力改进重庆文化的硬件设施，下决心建造一批一流的标志性、传世性文化设施。例

---

① 冉隆国. 开州：文旅融合唱大戏［J］. 重庆与世界，2019（11）.
② 全域旅游背景下文商旅融合发展的策略与路径——以重庆市渝中区为例［J］. 重庆行政. 2019（06）.
③ 周伟韬，冯长春，蔡光泽，陈玉蓝. 区域文化对凉山山地烟叶品牌价值的影响机制研究［J］. 现代商业，2019（35）.

如可像当年建造人民大礼堂、大田湾体育场那样，建造重庆图书大厦、重庆歌剧院、重庆大音乐厅、重庆美术大厅等。此外，还应注意重庆文化产业的宣传，可联合重庆高校的力量，一方面编辑重庆文化产业研究丛书，既是对重庆历史文化的系统整理、调查，也是规划文化产业发展的第一手资料。另一方面创办重庆文化论坛刊物，以此作为重庆文化产业发展研究的学术阵地和窗口。① 当然更要重视电视等大众传媒界的引导作用，报社、电视台应制作一些高品位的重庆历史文化方面的专题节目和雅俗共赏的文化专栏，将文化资源转化为经济效益。②

（四）文化产业的运作需要高科技的支撑。

重庆在积极吸纳一批对市场敏锐、精通质量效益管理、软件开发人才的同时，还要改善设备、提高水平，尽快形成较大经营规模。比如音像电子出版业，作为信息产业的重要支撑点，必须依靠高科技开发出多种形式的高质量音像电子出版物。在产品开发上要逐渐由CD-ROM产品转向多媒体出版笔的开发，尤其是要注意产品开发过程中对电子文件的综合利用，形成纸、磁、光、电及网络产品的多元化、立体化生产模式。③

（五）瞄准集团化目标，走规模生产之路。

在市场竞争中铸造自己的文化巨轮，抗击市场竞争的风浪，要首

---

① 陶丽萍，徐自立. 文化与旅游产业融合发展的模式与路径 [J]. 武汉轻工大学学报，2019（06）.
② 胡翔. 新型城镇化视野下的文化景观保护 [J]. 农村工作通讯，2019（22）.
③ 彭兴富，彭丽珊. 湘鄂渝黔苏区民间红色资料的数字化保护与利用 [J]. 经济研究导刊，2019（34）.

先从报业结构调整入手。目前重庆日报社已形成"一社三报"的集团雏形，为长远发展打下了基础。① 为了进一步扩大新闻单位的综合实力，要促使各新闻单位在把握正确舆论导向的同时，讲管理成本、讲核算、计效益、出精品、创名牌，实现两个效益双丰收。其次应在融资方式上为文化产业发展打开融资渠道。文化产业的投资风险一般比加工业投资风险低，各种融资方式应对文化产业放开，除可以向银行贷款外，应允许建立文化投资基金、发放文化债券等。因此，重庆文化经营企业都必须树立服务营销的观念，在市场引导、定位和营销手段的组合、企业形象的构建等方面潜心研究，大胆探索，不断提高自身的经营业绩，防范随时来临的风险和挑战。

第九节 成都

一、主要问题

（一）从总体上看，成都文化产业投入总量不足。

2014年，全国文化事业费按城乡和地区分布情况统计中，东部地区全年投入242.98亿元，中部地区为133.46亿元，西部地区为171.15亿元，仅占总量的29.3%。成都文化产业发展水平与东部发达

---

① 赖华先. 论文化强省建设的新时代特征 [J]. 老区建设, 2019 (20).

地区还有明显的差距。①

（二）文化产业人才紧缺。

文化产业是创意和智力内容产业，对专业人才的知识体系和技能要求较高。成都是西南地区的重要城市，受制于经济、社会、科技、文化建设的长期滞后，成都文化产业呈现出发展起步时间晚、文化人才总量偏少、精英缺乏、文化人才结构性缺失、分布不均匀等问题，人才"短板"已成为制约该地区文化产业发展的一大紧迫性、突出性问题，亟待解决。②

（三）文化市场监管不力。

一方面，现阶段成都文化产业正处于体制改革、质量和效益有待进一步提高的转型时期，部分行业、部分地区的文化市场出现了一定程度的混乱和无序状态，大量盗版、暴力色情的影视和书籍产品流入市场，网吧中时常有未成年人自由出入，赌博之风和迷信活动兴盛不衰。③另一方面，由于人力和技术限制，市场监管机构缺乏，监管手段落后，监管过程复杂，市场中出现的各类违法犯罪活动不能得到有效的遏制和解决，对出现的诸如艺术品类证券化交易等新式案件的监管尚不完善。④

（四）文化消费结构性失衡。

一是居民食品消费支出比重高。2000年至今，成都城市居民食品

---

① 高蜀晋. 成都文化产业发展现状与问题 [J]. 北方经济, 2017 (6): 98-99.
② 胡惠林, 李康化. 文化经济学 [M]. 上海: 上海文艺出版社, 2006: 72-74.
③ 欧阳友权. 文化产业人才建设: 问题与思路 [J]. 福建论坛, 2012 (2): 114-118.
④ 章云. 浙江东阳地区文化产业发展问题与途径研究 [J]. 艺术科技, 2014 (3): 112-113.

支出比约为35%，农村居民约为28%，成都居民"舍得花钱吃"指数全国第一。而医疗保健、居住、新型文化旅游等项目消费支出比重偏低。① 二是文化消费低俗化、功利化。人们在进行文化消费时，多选择上网、看电视、打麻将、打游戏、KTV或娱乐书报刊等休闲娱乐项目，对技能培训、学业深造等发展性项目关注程度低。在消费过程中，更加注重文化产品和服务的经济、政治地位和权力意义，拜金主义盛行，进而忽视审美和人文价值。

二、现状

（一）文化产业资源丰富，优势却不突出。

文化资源大市与文化产业弱市之间的矛盾，是成都发展文化产业所面临的主要困境之一。成都虽然文化资源丰富，但目前还处于发展的初级阶段，所生产的文化产品质量不高，人文含量偏低；大众化产品较多，而在全国和世界上具有较高知名度的品牌却比较少，因此优势并不突出。成都市拥有的历史、旅游等文化资源仅仅是发展文化产业的一个必要条件，只有经过市场检验并被认可，才能构成产业化的充分必要条件。同时，开发的广度与深度上还存在很多不足，不光未能突出该地区的品牌优势，还造成了品牌的流失。拥有文化资源不等于文化产业的强大，成都以往缺乏对文化品牌价值的认识，造成一些品牌的遗弃。比如，老成都是"锦城""蓉城"，可是这两个品牌都没

---

① 王德贞. 菏泽市文化产业发展问题研究［J］. 公共服务与管理, 2016（11）：40-41.

有得到很好的重视，而是西安抢先建了大型主题公园——大唐芙蓉园，并且成立大唐芙蓉园影视文化传播有限公司进行影视创作，这无疑大大影响了成都芙蓉品牌的地位。①

（二）为追逐短期经济效益而破坏文化资源的整体效应。

为了追逐短期的经济效益，一些地域资源没能得到更好利用。比如在望江公园滨水区域一带，锦江在此一分为二，形成"两河环岛"的景观，这里有市区最大的河心岛、唯一的东湖，附近有千古望江楼、百年名校川大、关于薛涛的文物古迹，也有近年恢复的赛龙舟盛会等。②如果当初没有作为简单的房地产开发，完全可以集中花文化、水文化、诗文化等丰富的旅游元素，打造为成都文化旅游中心，重现"两个黄鹂鸣翠柳，一行白鹭上青天。窗含西岭千秋雪，门泊东吴万里船"的盛唐景象。这样就不仅仅是一幢水泥建筑的价值了。文化资源的浪费还体现为资源整合力度不足：作为文化产业主力的传媒业、演艺业、娱乐业、旅游业、信息业等均是单打独斗，源于计划经济体制的行业分割和跨业禁入等旧体制特征在文化产业中还严重存在；文化产业不论在空间集聚还是在文化资源的综合利用方面都还处于"幼稚"状态，重量级、旗舰式的投资项目匮乏。③"单打独斗"严重阻碍了行业的关联性和产品衍生，使文化产业缺乏严密、合理的结构链，导致大量资源的闲置与浪费。

---

① 徐昌义，吴继华，赵志.成都市文化产业做大做强的路径研究[J].成都市委党校学报，2011（2）：33-37.
② 高书生.体系再造：新时代文化建设的新命题[J].经济与管理，2020（01）.
③ 刘翔，陈伟雄.中国省域文化产业与科技创新的系统耦合机理及耦合协调度分析[J].福建金融管理干部学院学报，2019（04）.

(三) 资金的垄断和不足延缓了文化产业的发展速度。

我国文化产业是在政府逐渐放开文化事业领域的条件下逐步成长起来的。目前在部分领域对民间资本还存在着进入障碍，这些领域中，还存在着投资主体单一的垄断局面。成都也不例外，因此多元投融资格局还有待形成。① 发展文化产业需要资金，没有大量的资金投入而希望发展文化产业必定只能是空想。据《中国统计年鉴》提供的数据：成都文化产业提供的 GDP 值仅占全省 GDP 总值的 3.3%，人均文化产业的 GDP 值不到 200 元，与全国人均 GDP 值 287 元相差近 100 元，更远远落后于北京 1491 元、上海 1209 元的人均 GDP 值。而市场中自发组建的民营文化机构，大多因实力不足，也无法投资大型文化活动项目，更难以形成规模发展与结构优化。

(四) 外部环境不够宽松，粗糙的细节执行能力制约文化产业经营。

文化市场体制不完善、外部环境不够宽松是横在成都文化产业发展道路上的又一"拦路虎"。成都目前的文化消费市场潜力巨大，需求旺盛，但是文化产品的生产效率低下，各个行业都普遍存在着粗制滥造、以次充好的现象。成都市发展文化产业本身就面临资金不足的问题，而外部环境不够宽松也在一定程度上加剧了这种状况。②

---

① 詹绍文，曹桢. 文化产业园区创新要素、创新环境与创新绩效：一个有调节的中介作用模型 [J]. 技术经济, 2019 (09).
② 王亦然. 论文化产业中经济效益与社会效益的关系 [J]. 河北农机, 2020 (01).

三、对策建议

（一）完善优化政策保障措施。

建立完善分行业领域的文化创意产业信息交流平台，打通行业内部和行业之间的信息交流渠道，以优势企业的先进理念和创新发展手段拓宽本行业的发展思路，促进新兴文化创意产业行业和传统文化产业行业的融合发展。完善文化创意投、融资渠道，建立金融机构和文化创意产业的供需交流机制和合作机制，为文化创意产业发展提供保障渠道。① 继续发挥政府协调推进作用，在现有的文产资金管理办法和扶持政策基础上增加专项扶持政策，分析评估具有发展潜力的行业代表企业，结合其发展规划和个性化发展需求定制除资金以外的专属扶持内容，助力打造全市航母企业。加快推进供给侧结构性改革，围绕成都文化创意产业发展需要和群众文化消费需要，优化文化创意产业的供给机制，加强政府引导效力，在资金、金融、人才、技术等资源方面实现合理的配置，提高成都文化创意产业的创造力。②

（二）创新驱动推进产业融合发展。

积极培育"互联网+""文化+"等领域的创新型文化创意项目，推进新闻出版发行、广播影视服务、广告会展服务业等传统领域的信息化产业进程，使省直属和市直属的传统文化产业集团企业先动起

---

① 黄大勇，刘军林. 文化旅游融合的认知、动力与发展向度 [J]. 贵州社会科学，2019（12）.
② 刘洪. 关于成都文化创意产业发展的思考 [J]. 先锋，2017（8）43-45.

来,率先实施探索和改革,引领传统文化产业转型浪潮。① 推动云计算、大数据、智能化技术各行业的运用,进一步提升软件设计、工程设计等领头产业的核心竞争力,助推工业设计、数字内容等高附加值行业形成产业化集群。发挥文化创意产业对经济增长的促进作用,深入推进"文化创意+"发展模式,实现文化与旅游、体育、商贸、设计等行业的融合发展,提升各行业的附加值。利用"文化创意+科技"促进文创制造业中高能耗、低效率行业的转型和升级,进一步带动制造业的产业优化进程,实现"成都制造"到"成都智造"的蜕变。②

(三)积极培育引进文化创意企业。

对国内外知名企业,要积极争取企业总部落户成都或在成都部署重要生产经营基地。对本地企业,要支持鼓励现有领军企业,通过收购、兼并重组等方式实现优势互补、资源整合利用,进一步壮大企业自身实力。③ 各区(市)县要高度重视并加快推进国家、省、市级产业园区建设,以文化创意产业园区(基地)建设和发展为契机,大力引进文化用品和装备制造企业,引进和打造文化创意产业孵化器,增强产业聚集性,完善产业链,形成特色鲜明的市场主体,鼓励小微文创企业特别是园区(基地)内的经济活动单位开展创新,从企业数量和经济总量两个方面壮大园区(基地)的规模,从而带动本地文化创

---

① 邓晨光,张菁菁."互联网+"时代中国文化产业新发展[J].牡丹江师范学院学报(社会科学版),2019(6).
② 郭新茹,顾江,陈天宇.文化产业集聚、空间溢出与区域创新能力[J].江海学刊,2019(06).
③ 李姗蓉.探索知识产权与创意产业融合新途径[J].河南科技,2019(33).

意产业加快发展。①

（四）进一步丰富成都文化创意特色品牌。

"十三五"期间，成都将突出发展音乐产业、文化艺术和艺术品服务业等特色行业。要基于现有文化资源优势，快速整合资金、土地、人才等资源，加快建成音乐产业基地，出台和完善相应的版权保护措施。② 积极对接国家文化部、工信部、财政部联合制定的《中国传统工艺振兴计划》，发掘传统工艺文化的当代价值，通过创新手段推动传统工艺文化向文化创意产业竞争力的转变。大力引进全球和国内的领军音乐企业、业界内优秀专业人才，挖掘和保护非遗文化传承人，鼓励社会力量高度参与，发展原创力，提升成都特色产业的核心竞争力，让成都音乐、成都艺术成为城市新名片。加强配套产业的支撑，在成都音乐原创、艺术（品）原创的基础上，充分利用影视行业、新媒体技术强化宣传，将成都特色推出去。③

---

① 党玲玲. 科技文化产业创新人才的教育策略探讨［J］. 教育理论与实践，2019（33）.
② 张金明，郁伟东. 地方文献助力文化产业发展的实践与思考［J］. 智库时代，2020（02）.
③ 刘文华，钟馨. 创新融合视角下文化产业管理专业人才培养研究［J］. 现代营销（经营版），2020（01）.

第四篇 04

策略研究：中国文化资源产业化发展的战略选择

<<< 第四篇 策略研究：中国文化资源产业化发展的战略选择

第一章

坚持文化产业大国战略

基于我国是世界文化资源最丰富的国家，因此有必要将我国建设成为世界顶级文化大国的战略，在此后的数年间对这一战略必须不遗余力地推进。总体上讲，文化产业大国战略主要由以下几部分构成。①

第一节 打造文化产品的消费大国

要使我国民众能够按照自己的喜好从多个种类和价格中自由选择文化产品，就得做到：在促进文化产品流通的同时，确保国民可以最大限度地享受技术革新的优点和便利性，确保视听者的方便和适当保护著作权，为扩大文化产业业务，制定采用平衡双方利益的保护系统。让使用者能够享受丰富的文化产品，奖励企业家开展弹性价格设定等业务。通过充实节目播放中心促进漫画、动画和照片的收集存档和二

---

① http：//www.kantei.go.jp/jp/singi/titeki2/kettei/030708f.html.

次利用。通过夜场经济的打造，让夜生活丰富起来，奖励、援助为安全使用文化产品所做的配合工作，为优秀的文化企业站台。

第二节 打造文化产品的创作大国

为了实现将我国打造成文化产品创作大国的目标，应采取以下措施：奖励和促进改良文化产业界的结构和传统行规，通过普及禁止垄断法等法律法规，使创作者能获得应该享有的利益。促进创作者能力的发挥，加强网络建设，使创作者更容易发布自己的作品，并且通过充分利用他人的作品和保护期已满的作品，促进创作者的创作活动；制定金融商品交易法，完善信托制度扩大信托对象，促进对文化产品制作的投资。为使文化产品制作公司能够获得广泛的资金筹措渠道，2006年开始普及LLP（有限责任事业组合）制度；设置促进文化产品制作和投资的奖励金；支持电影制作活动，为电影拍摄利用道路、公共设施等国家设施提供便利；构筑网上交易市场；表彰优秀的文化产品，促进制作开发，包括表彰外国漫画家和充实媒体艺术节、发掘和表彰在电影、音乐、动画等各领域取得了优异成绩的人才。

第三节 培养文化产业领域的人才

培养文化产品的制作者和创作者。加强文化产业与各大学间的合作。奖励支持包含电影、广播、游戏、动画、音乐等在内的影像产业振兴机构的活动；培养娱乐业专门律师；奖励与影像业有关的产官学联手；培养在自然科学和人文社会科学领域具有全面知识并兼备逻辑思考能力和艺术表现力的人才。

第四节 促进文化产品的研究开发

促进技术开发，鼓励学校教育中开发和普及提高数字放送效果的方法，支持研究开发数字电影技术向国际标准靠拢。促进文化财产公开和展示技术的开发，促进文化产品的利用开发，使其既能切实保护文化产品的版权，又能确保文化产品使用的高度自由性和便利性。支持高清晰影像关联技术的研究开发，钻研开发教育类文化产品，促进文化产品的共同利用。支持文化产品研究的跨学科合作。

第五节 打造文化产品的交易大国

消除交易壁垒，提高企业的国际竞争力，发挥文化产业对我国经济的牵引作用。构建适应数字时代的法律制度，促进文化产品的流通和对创作者利益的保护，改革著作权法中对个人权利的限制和对经销商的保护等内容。完善我国文化产业相关的统计资料。促进电视产业的现代化和合理化发展，奖励剧场、电影院等的集约化发展，鼓励文化产业与观光产业联手,大力发展现场直播的娱乐节目。振兴以观光产业为首的地方文化产业,彰显地域文化的独特魅力。

第六节 实现与数字网络时代相适应的文化产业大国

　　完善文化产业的法律环境,促进电视、电脑等数字文化产业终端的融合和合作,推进家庭内动画传送网络基础的开发和标准化,促进与文化产品传输服务有关的通用基础技术的标准化,促进地上数字传输基础设施的整备,支持动画传送业务的发展。站在使文化产业的生产、流通和消费最大化发展的方向上,改革与通信和广播有关的法律。整备与数字网络时代相适应的知识财产制度,导入流通促进机制和囊括性的权利限制规定,促进新技术进步,振兴文化产业。

第二章

坚持文化品牌大国战略

文化品牌战略也是我国文化产业战略的重要组成部分。我国文化品牌战略主要包含以下几项内容构成。

第一节　完善文化品牌战略的基础

具体包括：构筑贯穿饮食文化、地方品牌、服装、传统文化等各个领域的文化战略。系统整理和利用文化产业基金等机构实施的有关文化品牌调查数据。积极利用国内外的宣传机构，强化对文化品牌的宣传。充实国内外宣传介绍文化品牌的各种活动，充实有关文化品牌的海外宣传信息。积极地向外国观光客和媒体宣传中国的品牌，支持包含宣传中国饮食、地域品牌等的观光路线的企划。表彰在我国品牌海外宣传活动中做出突出贡献的人。推进充分显示国人感性智慧的设计和制品，以促进我国品牌向国内外的渗透。

第二节　孕育丰富的华人饮食文化

具体包括：培养精通世界饮食的人才、充实面向外国人厨师领班的实务研修，制作优秀的中国饮食和食材。支持提升海外华人饭店的信誉，保护我国农林水产品和食品方面的品牌，加强对我国出产食材的统一管理，提高我国食品、食材的安全信誉。对优秀的中国饮食文化进行重新定位，强化对国内外的宣传。强化面向海外评论家等的中国饮食宣传，扩大中国农林水产品和食品的出口，按照"饮食教育推进基本计划"促进对传统优秀饮食文化的继承。

第三节　打造多样的有信誉的地方品牌

具体包括：支持地方充分利用地方资源打造地方特色品牌，促进支持地方品牌的相关人士间的合作和交流。确保地方品牌的信誉。构筑确保地方品牌信誉的技术基础，推进从事地方品牌管理的人士的知识普及，促进各团体积极利用地方团体商标制度。支持各地加强对自我品牌的宣传。

第四节　把国潮国风时装打造成世界品牌

具体包括：完善激发创作活力的环境，为年轻设计师提供机会。在大学和研究生院中设立时装专业，培养一流的时装人才。扩大海外人才在我国的受教育机会。完善衣料、设计的存档。在《2009年知识财产推进计划》中，又提出了一个新概念"软实力产业"，从其内容上看"软实力产业"基本等同于文化产业，只是赋予了文化产业以更高的战略定位。该文中指出："软实力产业是扩大海外市场、扩大内需的原动力，具有向海外宣传我国魅力的重要作用"。① 该报告中将文化产品、饮食、时装、设计等能够创造出软实力的产业定位为拉动经济的一个战略产业。由此可见，政府对文化产业越来越重视，对文化产业战略的内涵设计也越来越全面。

---

① http：//www.kantei.go.jp/jp/singi/titeki2/090624/2009keikaku.pdf.

第三章

坚持国际化战略

经济产业省商务信息政策局内部设有许多与文化产业相关的研究会，如"关于文化产业成长战略的研究会"（2010年）、"文化产业全球战略研究会"（2006年）"文化产业交易与法律制度状况研究会"（2008年）"文化产业商务亚洲联携研究会"（2005年）"游戏产业战略研究会"（2006年）等。其中，文化产业全球战略就是由"文化产业全球战略研究会"在2007年的《文化产品全球战略报告书》中提出的。该报告就文化产业的各个具体类别提出了全球化战略定位。

第一节 电影业的国际化战略

电影的国际化主要可以通过以下途径展开：日本电影本身的出口，今后日本电影的重点出口市场在亚洲，通过有效运用字幕等方式，积极加入亚洲各国市场，扩大业务。贩卖翻拍权也是获得收益的重要手段。今后应当改变低价出售翻拍权的做法，尽可能地转向共同制作。

为了有效获得海外市场,从企划到海外制作、共同开发脚本,由两国演员共同出演等的共同制作是今后电影业国际化发展的大方向。今后在摸索与好莱坞的共同制作上,最有可能性的一个方法就是"翻拍+共同制作"。

第二节 动漫的国际化战略

动漫的国际化可以通过以下途径展开:通过当地法人进行销售。最近几年日本大型动漫制作公司在北美、欧洲等地设立了当地法人,可以在当地开展更细致的工作。对于售前销售(Pre-Sales),最近不仅向日本市场,从计划一开始就把海外市场纳入视野,有效利用售前销售,寻找当地制作人员,从而获得市场支持的方法正在普及。这种方法的优势是,售前销售因为从产品开发时就与对象国市场的主要工作人员共同合作,能够获得对象国市场的重要市场支持,从而能够收获更大利益,成功概率较高。另外,参加国外主导的项目,在国外大型企业主导的项目中,承担一部分制作工作,这也是动漫产业国际化的重要方法。

第三节 游戏产业的国际化战略

近年来海外企业的业务能力和软件开发能力得到了很大提高,游戏业的国际竞争日益激烈。为此日本游戏产业应着力推进国际化，继续引领世界游戏产业。要注重通过当地法人销售游戏软件，通过颁发许可证实现国际化销售。日本游戏公司在没有设立当地法人的国家或地区，通过允许当地游戏公司或其他公司在当地销售本公司的游戏软件，也可以实现进入该国或地区市场的目的。在海外不仅要设立自己的开发据点，而且也要与海外已有的开发公司开展国际分工合作。

第四节 电视节目的国际化战略

电视节目是最能有效地将日本文化和生活方式等传递给海外的文化产品。日本电视节目国际化途径主要有以下几种：日本电视剧国际战略，主要是以台湾地区为中心展开的，香港地区、中国大陆和韩国等亚洲圈是战略的重点。在欧美市场，日本电视剧人气不高，因此在欧美地区日本电视剧国际战略的重点应放在开发面向孩子的专门节目。关于电视剧的重新制作和共同制作在此之前做得并不多，今后有必要尝试开展。如纪录片的国际化战略，纪录片是包括欧美在内的世界各国都需要的节目。今后与海外媒体联合制作纪录片是纪录片走向世界的重要方向。教育节目的国际化。教育用文化产品的制作在日本有很长的历史，作品质量也很高。为促进教育节目国际化，NHK设有"日本奖"，它是针对世界性教育节目的一个奖项。除了要继续这个奖项之外，今后还必须在与市场的联系上下功夫。演艺会的国际化。日本是演艺会大国，但是出演者的魅力和谈话对演艺会非常重要，因此很难走向海外市场。在亚洲因为日本明星人气很高,可以考虑将他们出演的演艺会原封不动地出口。

第五节 音乐的国际化战略

在数字化和全球化的发展过程中,日本的音乐市场很难稳居世界音乐市场第二位的位置,因此有必要以全球化的视点积极地使日本音乐推向海外。音乐产业走向国际化需要:扩大以实况录音为中心的曝光活动,继续在海外现场积极开展巡回演出和宣传活动是最有效的方式。另外,通过在海外设立日本音乐介绍节目或利用 SNS(Social Networking Services,互联网应用服务)等网络向海外发布日本音乐的新进展,也是一种增加外国人收听收看日本音乐文化制品机会的有效方式。有效利用翻唱,通过积极推进当地艺术家翻唱日本乐曲,可以促进当地人无障碍地接受日本音乐。另外,音乐要打入海外市场,不要只集中于音乐一点,而是要通过与电视剧、电影、动漫、时装等其他文化产品相结合,创造更广泛的成功契机。

第六节 漫画的国际化战略

日本漫画在北美、欧洲、亚洲等世界各地都很有人气。但是,日本国内漫画杂志的销售数量却连续 10 年以上持续地减少。日本漫画的国际化也面临着进一步加强的问题。日本漫画的故事性一直受到很高评价，充分发挥这一强项，对于漫画打入海外市场是非常有效的。另外，日本漫画通常是以日本人为对象创作的，今后应该创作出更多以海外读者为对象的漫画作品。同时，要加强全方位立体宣传（media mix）。漫画本身就是具有竞争力的文化产品，它还具有与电影、TV等相结合的亲和性。通过开展这种全方位立体宣传所取得的协同增效作用已经是有目共睹的了。在日本漫画真正进入国际市场时，不能只是被动地与海外出版社签订授权契约，日本出版社方面要积极地销售本社的漫画作品。为此，日本出版社有必要在海外设立子公司，通过与当地出版社的业务合作，确保出版社自身的出版渠道。灵活运用网络等工具构筑新型经营模式和培养专门从事国际业务拓展的制作人才也是不可忽视的。

第七节　卡通人物的国际化战略

　　卡通人物销售市场要比漫画和动画市场大得多，也需要进一步推进国际化。为了推进卡通人物商品的海外市场拓展，有必要提高卡通人物的知名度。卡通人物本身基本都是无国籍的，把日本演员出演的场景替换为当地演员来出演，也可以使卡通人物的原型得到复活，对卡通人物商品的销售将有很大帮助。积极开展卡通人物展览活动。对于具有一定知名度的卡通人物，为了进一步扩大市场，可以开办"卡通人物展览"。通过这种方法，日本有些卡通人物在美国迪士尼乐园和海外主题公园都获得了非常高的人气。

第四章

坚持文化创新推动对策

创新主要解决是什么的问题,其创新成果表现为提供关于新事实的判断、对经验事实的新说明、对经验定律的新解释以及对理论危机的化解。二是主要解决目标和现状的关系及现状到目标的转化问题,当目标落后于现状时,提出一个新目标;当现状偏离目标时,提出一个使现状回归目标的新途径。三是主要解决知识如何应用以及现有技术如何更新换代的问题,具体表现为提出知识被应用的新的可能性、新的可能的途径和方法、新的技术操作手段和工艺流程,以及从新技术引进经吸收消化到产生更新技术。①

区域文化资源产业化在制度创新、技术创新、产品创新、市场创新、组织创新等实践方面得下足功夫。

---

① 晋荣东. 创新与辩证思维 [N]. 光明日报,1999-03-12 (5).

第一节 制度创新：整体上推进立法、战略规划、产业政策与执行措施

一、注重从立法上对文化产业进行保护、管理与促进

在推动文化产业发展的过程中，日本制定了一系列法律。这些法律立法层次高，法律效力强，具有根本性、长远性。基本法的重心为"著作权""文化内容的监管与控制""文化振兴"三个领域。① 20世纪90年代以来，伴随日本战略重心向文化立国方向的转移，日本密集出台一系列新的法律规定，如《文化产业振兴基本法》（1999年）、《高度信息通信网络社会形成基本法》（2000年，简称《IT基本法》）、《文化艺术振兴基本法》（2001年）、《知识产权基本法》（2002年）、《内容产业促进法》（2004年）、《文字、印刷物文化振兴法》（2005年）、《观光立国基本法》（2006年）等，更加注重依靠制度创新来推动文化产业整体层面的发展与结构转型升级。② 这些法律法规不仅在立法时间上超前，而且操作性强，能够纵贯宏观、中观、

---

① 庄严.日本文化产业发展的多重创新及其启示［J］.社会科学战线，2014（3）：155.
② 骆莉.日本文化立国战略推动下的文化产业发展［J］.东南亚研究，2006（2）.

微观三个层面，不仅提要求，而且提措施。日本还在立法时充分考虑法律与法律、法律与战略、法律与措施的衔接与配套，注重系统性立法，强调综合发挥对文化产业的保护、促进和管理作用。

二、纳入国家战略高度制定文化产业发展规划

日本十分重视文化产业发展战略规划，制定了一系列文化产业发展战略，几乎每几年甚至每年都制定新的发展规划。日本政府还对文化产业战略目标进行层层分解，进一步明确哪些领域需要制订长期规划，提供全面支持，哪些需要地方层面采取措施，哪些需要中央与地方联合推动。日本文化产业发展战略是立足新的形势背景去提出新的任务、解决新的问题，针对性都非常强，同时非常注重这些战略之间的连续性、衔接性。①

三、重视借助战略会议、恳谈会、审议会等多种形式来发挥专业界的决策参谋作用

为促进政府—商业—社会在推动文化产业发展上的一体化，日本政府开设了有关文化产业发展的战略会议、恳谈会、研究会、审议会、幕僚会议等智库组织和决策咨询活动形式，研究商讨有效应对文化产业发展的新形势新问题的具体对策。这一做法能够充分发挥专业界以

---

① 竹中平藏. 解读日本经济与改革[M]. 林光江, 译. 北京：新华出版社，2010：150.

及各界的决策参谋作用,提高决策的科学性和前瞻性。同时,这一做法与相对刚性生硬的法律规范相比,具有很大的弹性,可以避免产生"一管就死、一放就乱"的消极后果。

第二节 技术创新:结合 AI 战略发挥关联产业优势,推进企业协同创新

一、注重结合关联与支持性产业的技术优势进行技术创新

日本拥有世界电子制造业"高水平的材料、零部件产业集群",代表着世界电子制造业的最高水平。日本内容产业紧密结合电子产业的技术优势,加强内容产业所需要的硬件设备、软件工具和存储技术等领域的技术开发和制造,日本的内容产品结合电子产品尤其是数字内容产品的开发领先于世界,不仅在游戏、CG、内容提供等领域占据重要市场份额,而且能够使日本文化创新产品在较短的时间里投入商品化运营,并由此获得巨大的版权和专利收入。[①] 日本企业大力推进各内容产业相关领域的集成创新,实现计算机、通信设备、视听产品、家用电器等各种设备互相识别、资源共享,实现数字内容产品与各种数字消费电子产品高度整合。日本文化产业还注重抢占数字化创作生

---

① 1987 年英国著名经济学家克里斯托弗·弗里曼在《技术与经济绩效:来自日本的经验》一书中提出日本追赶与跨越的根本在于创新的驱动作用。

<<< 第四篇　策略研究：中国文化资源产业化发展的战略选择

产传播技术优势，日本数字内容产业已形成了网络游戏、数字影音、数字动漫、移动服务、网络服务、数字教育、数字出版、工业设计与数字展示等跨行业产业领域。

二、注重建立完善科学技术体制与创新实施体系

日本政府以规划协调、财政扶植和专利政策等为主要方式，通过发布综合性国家技术大纲和专门性科技计划，明确科学技术的基本方针、发展目标和重点措施，不断完善技术创新政策措施。定期召开"综合科学技术会议"，作为日本科学技术政策的最高决策机构，在其指导下，中央政府的各职能部门负责制定具体的科学技术政策、产业技术政策，地方政府同时根据本地特点制定一些政策。①

三、注重以产官学研协同合作为支撑

日本在国家创新体系之下形成了独特的"产、官、学（研）"协同合作模式，产被置于首要位置，企业通过与政府、研究机构及大学的合作来谋求发展，官和学都是围绕着为产业和企业服务展开相关工作，政府负责提供政策支持和宏观指导，大学侧重基础研究和人才培育，研究机构负责市场研判、信息支持、重大攻关，企业则整合所有资源、侧重于应用开发研究，致力于打造技术优势。这种协作体制将

---

① 日本文部科学省：《科学技术白皮书》，2009 年；另参见刘湘丽. 日本的技术创新机制 [M]. 北京：经济管理出版社，2011.

宝贵的资源、技术力量集中起来，统一指导，统一目标，统一计划，统一行动，统一进程，同时节约人力财力物力和时间，大大加速了科研成果转化和产业化进程。日本政府对致力于技术创新、产品创新的"创新型企业"实行较多的政策倾斜和财政扶持，通过财政补贴、信贷支持、信用担保、税收减免等优惠手段，促进"创新型企业"的建立和成长壮大。① 日本几乎所有大中型企业都建有自己的研发机构，经常组织技术学习会、攻关小组，选派员工到国内大学、研究机构、其他企业以及国外大学、研究机构与企业参与研究。日本还成立了许多半官方中介机构，主要任务是为企业提供技术咨询和研究成果，为产学之间搭建合作平台。

四、举国注重知识产权保护

在立法方面，日本早在1970年就颁布了《著作权法》，历经数十次修改，2001年开始施行《著作权管理法》；在管理方面，成立知识产权战略本部，受首相直接领导，负责制定知识产权相关政策条例，推进和监督实施知识产权战略和促进计划；② 在司法方面，成立知识产权高等法院，展示介绍知识产权相关文件和典型判例，不断扩大知识产权法官队伍，提高审判效率和透明度；在决策咨询方面，专门成立知识财产战略调查会，直接为知识财产战略本部决策提供咨询报告

---

① 辛文. 国外文化产业投融资体系简析 [J]. 文化月刊，2010 (3).
② 唐向红. 日本文化与日本经济发展关系研究 [M]. 大连：东北财经大学出版社，2012：124-125.

和建议。①

第三节　产品创新：把创新的思维方式贯穿到产业链的各个环节

文化产业，内容为王，产品制胜。文化产品是文化产业价值创造的载体，文化产品同时凝结着文化价值和商品价值。在体验经济时代，文化产品创新能使承载的文化价值和商品价值具有无限增长的潜力。日本的文化产业，首推动漫。经过近百年的发展，日本动漫已发展成为涵盖漫画杂志书刊出版业、电视动画、电影动画、动漫游戏、音像制品、形象授权、衍生产品开发生产等领域庞大的成熟产业。通过核心产品创新、形式产品创新与延伸产品创新②等多重产品创新，日本动漫产业把创新的思维方式贯穿到产业链的各个环节，使任何一环任何一点创新都能产生受欢迎的内容，吸引一定规模的消费者，使动漫产业的价值链延伸和价值最大化达到让人叹为观止的地步，非常值得学习借鉴。

第一，核心产品开发注重原始创新。

日本文化产业坚持以原创核心文化产品作为整个产业链的"领头

---

① 姜毅然，张婉茹，王海澜. 以市场为导向的日本文化创意产业 [M]. 北京：人民出版社，2009：121.
② 赵玉忠在《文化市场学》一书中将文化产品分为核心产品、形式产品、延伸产品三个层次。参见赵玉忠. 文化市场学 [M]. 北京：中国时代经济出版社，2010：205.

雁"和"带动器",依靠原始创新源源不断创造新价值。日本动漫业将原始创新的理念贯穿到动漫形象创作过程中,竭力使每一部动漫作品都不是一个孤立的一次性消费商品,而是一部吸引观众持续关注并喜爱、进而影响观众消费的"广告片",是和众多衍生商品相联系的"宣传片"。在追求原始创新上,日本动漫注重在形象造型、故事演绎、心理分析、文化营造上下功夫,善于小题大做、精雕细刻,出文化、出创意、出符号、出形象、出概念。①

第二,形式产品开发注重发散创新。

日本文化产业注重使原创形象内容得以进一步丰富发展的表现形式的创新。在核心产品形象造型的基础上,通过发散创新,将原创产品内容与新形式新创意相结合进行再创新再创造,不断突破原创产品形式的高度,开发出新的形式产品,进一步丰富扩展原创题材的内涵和价值,在众多领域创造出流行元素。一方面,日本动漫产业以漫画为基点,特别注重外在题材形式的线性发散创新,经过多年的产业经验积累,日本动漫产业已经形成了比较成熟的题材形式链条:漫画(Animation)—动画(Comic)—游戏(Game)。借助外在形式产品创新,日本动漫产业使得任何一名消费者都可以在找到自己感兴趣的题材作品的同时,按照自己的消费习惯找到合适的形式产品,可以看漫画,可以看动画片和电影,还可以玩游戏,获得不同的体验。另一方面,日本动漫特别重视通过丰富创意推进内在表现形式的非线性发散创新,通过打破常规、打破定势,超乎常理、超乎经验,大胆想象、

---

① 卜彦芳,陈元元. 以动养动:日本动漫企业运营模式探析——以虫制作公司和吉卜力工作室为例 [J]. 现代传播,2010 (9).

大胆探索，出新出奇、出奇制胜，使其保持足够的吸引力和新鲜感。通过形式产品创新，日本动漫不断为社会文化注入新的流行元素和流行样式，同时使得延伸产品的开发有了更坚实的基础和更广阔的空间。

第三，延伸产品开发注重关联创新。

日本文化产业善于突破原有的产品形式，通过发现和利用其他载体，将原创内容的文化价值与实物产品的使用价值进行深度融合，进而进一步扩大原创内容的衍生市场价值。日本文化产业主要借助关联创新来扩展文化延伸产品的范围，即从原创内容出发，在把握市场对原创形象"情感迁移"的基础上，沿着不同的途径去寻找与各种载体、物品的联系，进而实现其用途和价值的最大化。如以介质为交点，设想运用多种材质材料的可能性；以功能为交点，设想实现不同功能用途的各种可能性；如以符号标识为交叉点，设想辐射扩散不同产品领域的可能性，等等。文化产业的延伸产品或衍生产品开发，实质上是一种"符号"的经营。目前，发展成熟的日本动漫产业在动漫延伸产品或衍生产品开发和创新方面已经走在世界前列。在日本，一旦有受欢迎的形象、题材和品牌，就迅速同步地甚至先于推出系列衍生产品，迅速从点到面地进行产品开发并不断扩大市场，动画片放映之际，相关产品也开始热卖，资金回收、市场开拓、卡通形象推广等系列工作都同时开展，步调一致。目前日本不少原创动漫形象在全球最多已有50000多种衍生产品和周边授权产品。① 转让延伸产品开发权已经成为日本动漫产业的主要盈利模式。

---

① 肯·贝尔森，布莱恩·布雷纳. Hello Kitty 三丽鸥创造全球亿万商机的策略［M］. 周亚南，译. 台北：商周出版社，2005：128.

第四节 市场创新：在做大做强国内市场的前提下积极拓展国际市场

市场创新是指开发和创造新的市场需求并通过有效的渠道进行满足的过程，在特定情况下市场创新也包括对产品进入的市场壁垒的有效突破以及对新的市场环境的积极适应。市场创新是产品创新、技术创新等的导向与归宿。市场创新关键在于形成市场竞争优势，围绕特定产品形成稳定的买卖关系。在开放环境中，市场具有高度的不确定性，文化市场受文化因素和人们主观因素影响，具有更大的确定性，更需要进行灵活的市场创新。如何加强市场创新，使文化产品更好地走向市场、实现价值最大化，这也是日本文化产业着力解决的市场化课题。日本动漫产业在做大做强国内市场、积极拓展国际市场方面都有其独到之处，值得学习借鉴。

一、注重本土市场全民化布局和分众化开发

日本文化产业注重在进军国际市场之前首先做大做强国内市场，使国内市场得到充分的开发、实现全覆盖。以日本动漫为例，其市场创新主要是围绕"本土市场全民化布局与分众化二次聚焦"展开。日本动漫首先是全民化布局，即实现"All Japan"。日本近九成的国民喜欢漫画，超过八成的国民拥有动漫衍生品。以不同动漫形象为纽带，

由动漫迷组织的动漫俱乐部非常普遍，活动异常丰富多彩。在漫画流通方面，不仅销售网点遍及全国各地各处，而且在24小时营业的便利店里可以随时购买，非常方便。日本各地还经常开展以动漫等为特色的文化推介活动。在全民化布局之下，日本采取的是分众化策略。无论是漫画图书杂志，还是电视动画片、动漫电影、动漫游戏，日本针对不同的读者群体都做了很精细的分类。漫画图书和杂志不仅根据读者的不同年龄层次被区分为幼儿漫画、少年漫画、青年漫画、成人漫画、老年漫画，而且按照读者群的性别、兴趣、嗜好等因素发行不同的专属类型。

二、注重将文化产业整合到"酷日本"文化品牌战略中，进一步拓展国际市场和输出日本文化

日本为进一步扩大本国文化产品的国际市场，制定并实施了一系列战略措施。2009年提出了"日本品牌战略"，把"日本文化产业"构造成一个整体的"酷日本"品牌概念，加大力度将"酷日本"国家文化品牌推广和植入到日本文化产业的各个领域，强化产业高依存度和产品形式多样化，向海外受众宣传日本文化，扩大日本文化软实力影响。在"酷日本战略"之下，日本进一步强化文化产业立国战略，制定了文化产业国际化路线图和时间表。日本动漫是日本国家层面推进"Cool Japan"（直译为"酷日本"，意译为"魅力日本"）品牌战略和文化外交的主要载体，以此实现了国家利益和产业利益的双赢：一方面借助日本动漫的品牌效应，提升日本国家品牌形象，凝聚和传播软实力，另一方面使日本动漫产业进一步搭乘国家外交战略的快

车，巩固和强化了日本动漫在世界市场中的优势地位。世界各国很多青年人在消费日本文化产品的同时，增加了对日本文化及其价值观的好感度和认同度，各国学习日语的年轻人数也在不断增加。①

三、注重缝隙市场开发与小微文化企业精细化市场创新

日本小微文化企业注重在一般企业没有发觉，或是不愿做，或是因为技术能力限制做不了的市场领域中开发缝隙市场。这种市场虽然通常被认为规模不大、利润空间有限，但小微文化企业却同样创造出非常可观的利润。日本小微文化企业注重将市场创新建立在基于技术创新和产品创新的精细化创新基础上。随着缝隙市场越做越广越深越大，一些小微企业也不再"小"而是越来越强，甚至成为知名的大企业。

第五节　组织创新：多维度健全有机型企业组织运行体系

从产业的基本关系来看，产业是某类具有共同特征的企业集合及组织运行体系。根据弗里曼等的产业创新理论，② 产业创新是以产业

---

① 孔德壮. 日本文化产业的发展及驱动因素分析 [J]. 国外投资，2013 (2).
② Freeman C. "Network of Innovators, A Synthesis of Research Issues," Research Policy, 1991, 20 (5): 499-514.

组织体系为支撑的。组织创新作用正在于形成创新体系和组织网络，即以企业等各个经济主体之间的创新合作关系为联系机制。文化产业组织创新，与文化产业各门类各环节相关企业的联合密切相关，是各种因素包括融资、分工、协作等综合作用的结果。日本文化产业各业界尤其是动漫、出版、电影、游戏、音乐等，围绕着核心产品尤其是原创形象、品牌开发和管理，原创作者、制作公司、广告运营商、委托代理商、玩具制作商、销售商等形成了有机联系的组织网络体系，很好地发挥了组织创新的联动效应。

一、推行制作委员会模式，创新文化产业运营组织体系

日本文化产业不仅贡献一流的文化产品，还贡献出一系列创新型的组织运作模式。发起于日本漫画业的制作委员会，集中体现了日本文化产业的组织创新。制作委员会主要由与内容的制作、流通、销售相关联的企业（主要包括出版社、电视台、广告代理公司、动漫内容制作公司等）组成，主要通过运营管理资金方式来筛选、投资动漫作品创作进而引导动漫制作事业。从组织角度来看，制作委员会虽是出于共同出资的组合需要，但是在动漫事业中它已经超越了投资组合，而演变为基于合作伙伴关系的动漫事业共同体。日本经验证明，制作委员会能够使很多好的创意、作品实现商品化，从而避免石沉大海。由此，更彰显了产业共同体的战略高度，有力地促进了产业创新。

二、推进企业间跨门类联合，创新文化产业综合经营体系

（1）采取大企业+子公司综合经营体制，充分发挥资源整合效应。在日本，电影公司、剧团、出版社、报社、电视台等大型企业经营多种文化业务非常普遍，文化产业综合经营颇具特色，日本部分著名动漫公司还围绕动漫主题形成了集漫画出版、动画制作、版权授权、衍生品销售、动漫产品开发和品牌价值于一体的主题园区产业链经营模式和大企业集团。

（2）采取企业+企业跨行业合作制作体制，充分发挥各媒介的乘数效应。各电影公司普遍采取与出版社、电视台等联合制作发行电影的做法，改变了电影公司只是制作发行电影、出版社只是出版发行书籍的刻板形象，传播了"大文化传媒企业"的新概念。

（3）采取大企业+大企业强强联合体制，充分发挥巨无霸效应。许多大企业互相结合，组建起文化企业集团。跨产业联合日益增多，跨国并购收购占领全球市场步伐也在加快。

三、推动大中小企业协作一体化，创新文化产业系列化生产组织体系

中小企业一般都被纳入大企业的系列化生产体系，形成以大企业为顶点，以中坚企业为骨干，以广大中小企业为底层支撑的"垂直型"产业组织结构，大企业与中小企业和平共处联合支撑整个产业的发展。系列化生产一体化催生日本文化产业集群，主要集中在东京，还催生了大量的行业中介服务组织并活跃于各方面联系环节。